Ulrich Berger

Bandscheiben

Tipps für einen gesunden Rücken

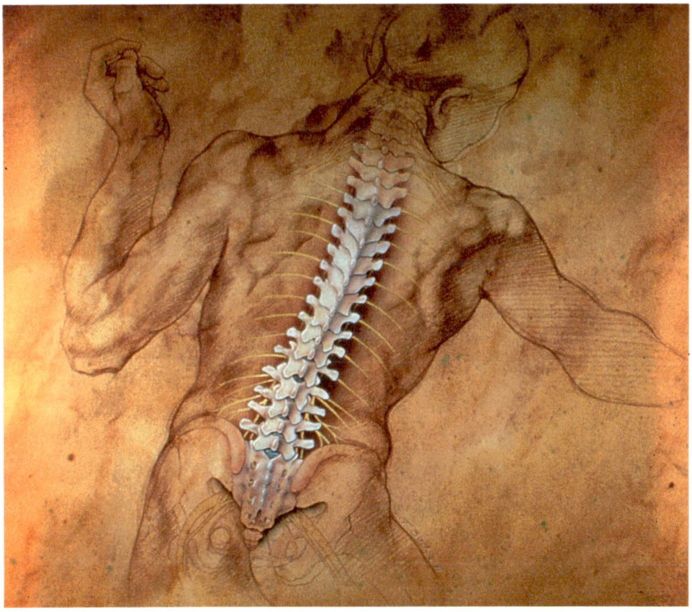

BELLAVISTA

Inhalt

Rückengymnastik und Lieblingssportarten lassen sich oftmals verbinden.

Rückenproblemen sollte man schon im Kindesalter entgegenwirken.

Warum der Rücken schmerzt

Rückenschmerzen sind so alt wie die Menschheit. Schon 3000 Jahre v. Chr. behandelten die Chinesen das Reißen im Kreuz mit Akupunktur und Heilkräutern. Und aus dem alten Ägypten ist überliefert, dass ein Pharao seinen Leibarzt enthaupten ließ, weil dieser ihn nicht von seinen Rückenschmerzen befreien konnte. Bei den in den Industriestaaten lebenden Menschen ist praktisch jeder zweite Rücken kaputt, der eine mehr, der andere weniger. Und hätte das Beispiel des Pharaos Schule gemacht – es würde akuter Ärztemangel herrschen. Statt Ihren Doktor zu köpfen, sollten Sie also besser die für Sie geeignete Selbsthilfemethode herausfinden.

Bei Überbelastung sendet der Körper Signale aus, die zeigen, dass er überfordert ist. Werden diese Signale missachtet, verstärken sie sich so lange, bis sie schließlich als Schmerz wahrgenommen werden.

Schwachstelle Rücken

Das Kreuz mit dem Kreuz – es ist leider nicht nur eine Wortspielerei. Die Medizinische Universität Lübeck stellte 1367 Frauen und Männern zwischen 25 und 74 Jahren die Frage, wo bei ihnen in den vergangenen zwölf Monaten Schmerzen aufgetreten waren – das Ergebnis ist niederschmetternd (siehe Tabelle Seite 6). 72 Prozent aller Erwachsenen gaben an, dass sie im letzten Jahr Rückenbeschwerden hatten; bei den Frauen waren es sogar 77 Prozent! Wenn man bedenkt, dass Schmerzen in Kopf, Nacken, Schultern, Armen und Beinen häufig ebenfalls durch Rückenerkrankungen ausgelöst werden, unterstreicht dies nur die traurige Erkenntnis: Das Kreuz ist die größte Schwachstelle des menschlichen Körpers.

Nur ein gesunder Rücken kann entzücken.

Wo hatten Sie in den letzten zwölf Monaten Schmerzen?

Schmerzart	Gesamt	Frauen	Männer
Kein Schmerz	9 Prozent	6 Prozent	12 Prozent
Rücken	72 Prozent	77 Prozent	68 Prozent
Kopf	59 Prozent	69 Prozent	50 Prozent
Nacken	63 Prozent	68 Prozent	58 Prozent
Schultern	57 Prozent	63 Prozent	51 Prozent
Arme, Hände	37 Prozent	44 Prozent	29 Prozent
Brustkorb	22 Prozent	21 Prozent	23 Prozent
Bauch, Magen	31 Prozent	33 Prozent	29 Prozent
Hüfte	34 Prozent	34 Prozent	33 Prozent
Unterleib	20 Prozent	30 Prozent	9 Prozent
Beine, Füße	51 Prozent	58 Prozent	45 Prozent

Quelle: Institut für Sozialmedizin, Medizinische Universität Lübeck

Rückenschmerzen beeinträchtigen die Lebensqualität ganz erheblich, und auch volkswirtschaftlich gesehen richten sie großen Schaden an.

Die im Folgenden genannten Fakten belegen, dass das Lübecker Umfrageergebnis durchaus repräsentativ für ganz Deutschland ist:

- Nach statistischen Angaben der Betriebskrankenkassen liegen Muskel- und Skeletterkrankungen an der Spitze der Arbeitsausfälle. Tendenz: steigend.
- Rückenschmerzen sind noch vor den Herz- und Kreislaufkrankheiten der häufigste Grund für einen Arztbesuch und für Krankschreibungen.
- Bei den Anträgen auf medizinische Rehabilitation bezieht sich mehr als die Hälfte der Bewilligungen auf Erkrankungen des Bewegungsapparats.
- Besonders anfällig ist übrigens die Lendenwirbelsäule. Von ihr gehen 62 Prozent aller Rückenbeschwerden aus, gefolgt von der Halswirbelsäule mit 36 Prozent. Deshalb werden Sie für diese beiden Gefahrenzonen besonders viele Übungen in diesem Ratgeber finden.

Doch bevor Sie in den praktischen Übungsteil einsteigen, sollten Sie Ihre Wirbelsäule etwas besser kennen lernen.

Die Wirbelsäule – ein Wunderwerk

Die Wirbelsäule spielt im wahrsten Sinn des Wortes eine tragende Rolle in unserem Leben. Im Zusammenspiel mit einer Vielzahl von Muskeln, Bändern und Sehnen ermöglicht dieses feinmechanische Wunderwerk aus über 30 verschieden geformten Knochen dem Menschen seinen aufrechten Gang und bildet gleichzeitig die bewegliche Achse des Körpers.

Die Doppel-S-Form der Wirbelsäule und die elastischen Bandscheiben zwischen den Wirbelkörpern sind die Garanten für die Beweglichkeit der Wirbelsäule.

Eigentlich ist der Begriff »Wirbelsäule« irreführend, denn kerzengerade wie eine Säule ist dieser elastische Knochenstab keineswegs. Betrachtet man ihn von der Seite, so erkennt man die typische Biegung in Form einer doppelten S-Kurve.

Die Krümmung im Bereich des Nackens nennt man Lordose, die Gegenkrümmung im Bereich der Brustwirbelsäule Kyphose und die Krümmung im Kreuz wiederum Lordose. Seitliche Verkrümmungen der Wirbelsäule sind krankhaft (Skoliose). Von oben nach unten reihen sich aneinander: sieben Halswirbel, zwölf Brustwirbel, fünf Lendenwirbel, fünf Kreuzbeinwirbel und drei bis fünf teils verwachsene, teils bewegliche Wirbel im Steißbein. Die Löcher in den einzelnen Wirbeln bilden den so genannten Wirbelkanal, der das Rückenmark und die Nervenwurzeln beherbergt.

Bandscheiben – die Stoßdämpfer

Zwischen den einzelnen Wirbelkörpern befinden sich die Bandscheiben. Sie machen etwa ein Drittel der Gesamtlänge der Wirbelsäule aus und sind außerordent-

Wirbelsäule im Querschnitt bei einem Bandscheibenvorfall: Die roten Bereiche zeigen die Einengung des Rückenmarks durch die vorgefallene Bandscheibe.

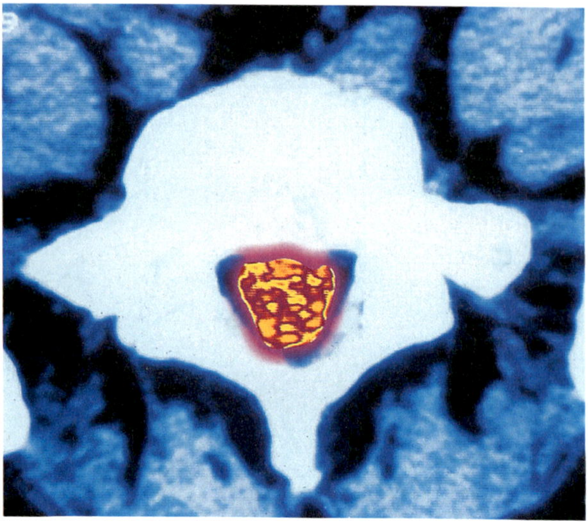

lich belastbar und widerstandsfähig. Wie Stoßdämpfer fangen sie alle Stöße und Bewegungen im Rücken ab. Ohne Bandscheiben würden die Wirbel bei jeder Bewegung schmerzhaft aneinander reiben.

Mit zunehmendem Alter verlieren die Bandscheiben an Elastizität. Ihre Fähigkeit, Flüssigkeit zu speichern, nimmt ab. Deshalb werden Menschen im Alter etwas kleiner.

Jeder der 23 Puffer ist morgens bis zu zwei Zentimeter dick, wird aber im Lauf des Tages durch Belastung etwas dünner. Die Bandscheiben bestehen aus sehr festem Faser- und Knorpelgewebe, das ringförmig einen halbflüssigen Gallertkern umschließt. Er ermöglicht die große Beweglichkeit der Wirbelsäule nach allen Seiten.

Wie es zum Bandscheibenvorfall kommt

Durch altersbedingten Verschleiß, aber auch durch falsche Belastung, Haltungsfehler und Anspannung nimmt die Elastizität der Bandscheiben mehr und mehr ab; der Faserring wird rissig. Ein akuter Hexenschuss droht, wenn sich der weiche Gallertkern zum hinteren Rand des Faserknorpelrings vorschiebt. Der Arzt

spricht bei diesem Vorgang von einer Bandscheibenvorwölbung. Sie ist immer die Vorstufe zum gefürchteten Bandscheibenvorfall.
Bei diesem größten anzunehmenden Unfall in der Wirbelsäule sprengt der weiche Gallertkern den äußeren Faserknorpelring und dringt bis in den Wirbelkanal vor. Hier befinden sich die hoch empfindlichen Nervenwurzeln, die vom Rückenmark kommen. Werden diese Nerven von der hervorgequollenen Gallertmasse bedrängt, reagieren sie in den meisten Fällen mit heftigen Schmerzen. Aber auch Lähmungen und Empfindungsstörungen können auftreten.

Die Bandscheibe lebt von der Bewegung. Bei Entlastung nimmt sie Flüssigkeit und Nährstoffe auf. Bei Belastung wird Flüssigkeit aus ihr herausgepresst. Schlackenstoffe werden abtransportiert.

Bandscheiben brauchen täglich Futter

Die Bandscheiben müssen täglich mit Zucker, Eiweiß, Salzen und anderen Nährstoffen versorgt werden. Die Nahrungsaufnahme geschieht durch Diffusion, die man sich als eine Art »Durchsaftung« vorstellen kann. Der ständige und ausgeglichene Wechsel zwischen Be- und Entlastung spielt bei diesem Prozess eine wesentliche Rolle. Bei hohem Druck auf die Bandscheiben werden Flüssigkeit und Stoffwechselschlacken herausgepresst. Bei geringem Druck – z. B. im Liegen – werden Flüssigkeit und Nährstoffe aufgenommen.
Ideal ist ein Gleichgewicht zwischen der Zufuhr von frischen Nährstoffen und dem Abtransport verbrauchter Stoffe. Ungünstige und lange andauernde Haltungen können die Ernährung empfindlich stören oder stark behindern; gute Haltungen und richtiges Sitzen bzw. Liegen ermöglicht es den Bandscheiben, sich ausreichend zu regenerieren. Haben sich die Bandscheiben nachts von den Tagesbelastungen erholt, sind sie in der Früh voluminöser als am Abend. Daher ist der Mensch morgens ca. einen Zentimeter größer als abends.

Warum Muskeltraining so wichtig ist

Sportliche Aktivität fördert nicht nur die Funktion von Bändern und Muskeln, sie trägt auch dazu bei, dass der Knochenstoffwechsel besser funktioniert. Knochenauf- und -abbau werden im Gleichgewicht gehalten.

Die Wirbelsäule ist eine hoch empfindliche Konstruktion, die nur bei viel Pflege reibungslos funktioniert. Leider sind die Defekte, die das komplizierte Bauwerk aus Knochen, Wirbeln, Sehnen, Bändern, Nervenfasern und Bandscheiben bedrohen, nur schwer auszumachen. Bei 80 Prozent der chronischen Schmerzen im Bereich der Lendenwirbelsäule (LWS) kann trotz intensiver Diagnostik kein spezifischer krankhafter Befund festgestellt werden. Selbst die wegen ihrer hohen Bildqualität geschätzte Kernspintomografie liefert dem Arzt nicht unbedingt eindeutige Ergebnisse.

Was dem Rücken zu schaffen macht

Fest steht jedoch: Bewegungsmangel, einseitige Belastung und schlechte Haltung sind hauptverantwortlich für die meisten Verschleißerscheinungen. Auch Übergewicht drückt auf den Rücken, insbesondere auf die Lendenwirbelsäule.

Nicht zuletzt ist eine seelische »Schieflage« ein wichtiger Faktor. Wer ständig psychisch unter Druck steht, belastet automatisch Wirbelsäule und Bandscheiben. Die innerliche Anspannung überträgt sich auf die Haltung, man ist nicht locker, sondern verkrampft. Folge: Die verhärteten Muskeln werden schlechter durchblutet, Muskel- und Nervenanspannungen führen zu ständigen Schmerzen.

Bewegung ist besser als Ruhigstellung

Was also tun, um aus diesem Teufelskreis herauszukommen? Es wurde bereits angedeutet: Das Dümmste wäre es, sich in sein Schneckenhaus zurückzuziehen, sich im stillen Kämmerchen die Wunden zu lecken. Lange

Ruhephasen sind nicht das Beste für den Rücken, sondern erhöhen sogar die Gefahr chronischer Schmerzen. »Bett zehrt«, lautet kurz und treffend eine alte Krankenhausweisheit: Die Muskeln schrumpfen, die Wirbelkörper bauen lebenswichtigen Kalk ab, die Bandscheiben verkümmern, und zur Gemütsaufheiterung trägt das Abkapseln auch nicht bei.

Sicher gibt es einige Befunde wie frische Bandscheibenvorfälle, die eine Ruhigstellung der Wirbelsäule unbedingt erforderlich machen. Aber bei den meisten Rückenbeschwerden hilft nur eins: Werden Sie selbst aktiv!

Aus der Weltraumforschung weiß man, dass die Knochen von Astronauten in der Schwerelosigkeit zu wenig belastet werden. Sie müssen daher spezielle Trainingsprogramme absolvieren, um sich vor Muskel- und Knochenschwund zu schützen.

Starke Muskeln entlasten den Rücken

Unser größtes Augenmerk sollte der Rücken- und Bauchmuskulatur gelten. Sie sind ein Schutzschild vor den Folgen von Fehlhaltungen und Überbeanspruchung. Vergleichbar mit der Takelage eines Segelschiffs, verspannen eine Vielzahl von Muskeln die Wirbelsäule. Je stärker diese Muskeln – besonders die tiefer gelegenen – sind, desto besser können sie die Wirbel und Bandscheiben entlasten und damit Rückenschmerzen verhindern. Deshalb ist die Kräftigung dieser Muskelbereiche so wichtig.

Sportlich aktive Menschen haben häufig nicht weniger degenerativ veränderte Wirbelsäulen als unsportliche Menschen – aber aufgrund der wesentlich besser trainierten Muskulatur leiden sie weitaus weniger unter Rückenbeschwerden.

Hinzu kommt noch ein zweiter wichtiger Aspekt: Durch regelmäßiges körperliches Training wird die Ausschüttung von körpereigenen schmerzhemmenden Substanzen (Endorphinen) angeregt. Körperliche Aktivität kann also auch auf diese Weise Schmerzen lindern.

Die Erkrankungen des Rückens

Bei Rückenbeschwerden spielen seelische Belastungen oft eine wichtige Rolle. Etwas sitzt uns im Nacken, Sorgen drücken uns, wir tragen schwer an einem Problem.

Ein ständiges Zerren in Hals und Schultern, heftige Schmerzen im Gesäß, die ins Bein ausstrahlen – was steckt dahinter? Auf den folgenden Seiten geben wir Ihnen einen Überblick über die häufigsten Erkrankungen des Rückens und die Möglichkeiten der Selbsthilfe.
Wie Sie sehen werden, können Sie die meisten Beschwerden selbst aktiv behandeln – mit gezielter Gymnastik, Entspannungstechniken und verschiedenen Heil- und Trainingsmethoden.

Altersabnutzung (Degeneration)

Mit zunehmendem Alter ist ein gewisser Verschleiß der Knochen normal. Die Bandscheiben werden dünner, der Mensch schrumpft.
Mit viel Bewegung, Sport und Gymnastik können Sie dennoch bis ins hohe Alter beschwerdefrei bleiben. Wichtig ist, nicht erst dann zu beginnen, wenn es schon überall anfängt zu zwicken. Übergewichtige sollten zudem versuchen, ihr Gewicht zu reduzieren.

Der aufrechte Gang befähigt den Menschen erst zu enormen Kulturleistungen, aber der Rücken bleibt oft auf der Strecke.

Bänderüberlastung

Tief sitzende Kreuzschmerzen sind meist Folge von Fehlhaltungen sowie falschen Bewegungsabläufen im Beruf und bei der Hausarbeit. Dabei werden die Bänder, die die Wirbelkörper zusammenhalten, überdehnt und reagieren mit Schmerzen.
In den folgenden Kapiteln finden Sie viele Tipps, wie man die schlimmsten Fehler vermeidet und wie man korrekt mit seinem Rücken umgeht.

Je schneller Sie bei akuten Rückenbeschwerden einen Spezialisten aufsuchen, desto größer sind die Erfolgsaussichten. Massage, Wärme und Bewegungstherapie sind wichtige Maßnahmen zur Stabilisierung.

Bandscheibenvorfall (Prolaps)

Wie es zum Bandscheibenvorfall kommt, wurde bereits auf Seite 8f. beschrieben. Rund 70 Prozent aller Patienten sind ohne Operation nach ein paar Wochen mehr oder weniger beschwerdefrei. Die konservative Behandlung umfasst schmerzstillende Spritzen, Medikamente, Stangerbäder, das Strecken der Wirbelsäule und Physiotherapie. Im günstigsten Fall kann die Gallertmasse durch Wärmebehandlung zurückgeleitet werden. Ganz wichtig sind nach Abklingen der Schmerzen gezielte gymnastische Übungen zur Kräftigung der Muskulatur.

Belastungsrückenschmerzen

Eine Kombination aus falschen Bewegungsabläufen, ungesunder Ernährung, Bewegungsmangel, Stress und Ärger verursacht Beschwerden, die auf dem Röntgenbild nur selten auszumachen sind. Die Diagnose lautet in solchen Fällen häufig: Abnutzungserscheinungen. Derartige Veränderungen finden sich allerdings bei fast jedem Erwachsenen und verursachen nicht immer diese Beschwerden: Die Patienten klagen über Schmerzen im gesamten Rücken, die Muskulatur ist verspannt und

reagiert schmerzhaft auf Druck. Dabei ist die Beweglichkeit der Wirbelsäule meist kaum eingeschränkt.
Die einzig wirksame Hilfe bietet oft nur das Umschalten auf eine gesündere Lebensweise mit viel Bewegung, besserer Stressbewältigung und bewusster Ernährung. Hilfreich sind außerdem Akupunktur, Bäder- und Thermotherapie, insbesondere aber Rückengymnastik und Entspannungsübungen.

Das Stangerbad zeigt gute Erfolge bei Entzündungen und Nervenwurzelreizungen. Der Patient setzt sich in eine Spezialbadewanne mit warmem Wasser, in die Gleichstrom geleitet wird. Der Strom erzeugt ein Kribbeln, das als sehr wohltuend und angenehm empfunden wird.

Entzündung (z. B. Morbus Bechterew)

Durch rheumatisch-entzündliche Wirbelsäulenerkrankungen versteifen sich einzelne Wirbelgelenke bzw. Wirbelsäulenabschnitte bis hin zu einem ausgeprägten Buckel. Am meisten gefürchtet ist die Bechterewsche Erkrankung (Spondylitis ankylosans), von der überwiegend Männer betroffen sind. Meist beginnt die Krankheit zwischen dem 20. und dem 40. Lebensjahr und schreitet dann allmählich fort.
Kälteanwendungen, Bädertherapie und gezielte Krankengymnastik zählen zu den wichtigsten Behandlungsmethoden.

Gelenkblockierung

Bei bestimmten Bewegungsabläufen blockieren einzelne Wirbel oder ganze Bereiche der Wirbelsäule. Ein Chiropraktiker wird vielleicht versuchen, Sie ruckartig von Ihren Schmerzen zu befreien. Bei zu häufigem Einrenken besteht allerdings die Gefahr einer Instabilität, deshalb geben viele Orthopäden dem Quaddeln den Vorzug. Dabei wird ein betäubendes Mittel – aufgeteilt auf mehrere Einstiche – knapp unter die Haut injiziert. Je eher Sie einen Spezialisten für Wirbelsäulentherapie aufsuchen, desto größer sind die Erfolgsaussichten. Im weiteren Verlauf sind Massage, Wärme und Bewegungstherapie zur Stabilisierung wichtig. Sie finden in diesem Buch auch einige spezielle Übungen bei Gelenkblockierungen.

Halswirbelsäulensyndrom

Das Halswirbelsäulensyndrom (auch HWS- oder Zervikalsyndrom) ist die häufigste Störung im Bereich des Halses, des Schultergürtels und des Kopfs. Ausgelöst werden die Beschwerden durch eine Reizung der Nervenwurzeln in den so genannten Zwischenwirbellöchern. Fehlhaltungen bei monotoner Arbeit (vor allem am Bildschirm), beim Lesen oder Autofahren sind die Hauptursache.

Das HWS-Syndrom wurde früher auch Sekretärinnenkrankheit genannt, weil davon besonders Frauen betroffen waren, die stundenlang mit gesenktem Kopf und hängenden Schultern die Schreibmaschinentastatur bearbeiteten.

Meist strahlen die Schmerzen vom Nacken in den Kopf bis in die Stirn aus. Dazu gesellen sich gelegentlich Taubheitsgefühl in den Händen, Augenflimmern, Ohrensausen und Schwindelerscheinungen. Die Halswirbelsäule ist besonders empfindlich, da sie das große Gewicht des Kopfs tragen muss, obwohl ihre Muskeln und Bänder erheblich schwächer sind als die der übrigen Wirbelsäule.

Das HWS-Syndrom ist nicht ganz einfach zu behandeln. Die Gymnastikvorschläge in diesem Buch (siehe Seite 37ff.) haben das Ziel, verspannte Muskeln zu lockern, verkürzte Muskeln zu dehnen und geschwächte Muskelpartien zu kräftigen.

Hexenschuss

In der Fachsprache der Mediziner heißt die blitzartige Schmerzattacke akute Lumbalgie. Sie wird meist hervorgerufen durch eine plötzliche oder schnelle Bewegung. Manche Betroffenen können nur noch in grotesker Haltung die Arztpraxis aufsuchen, die kleinste Bewegung bereitet heftige Schmerzen. Häufige Ursache: Eine Zwischenwirbelscheibe drückt in den Wirbelkanal und damit auf die dort verlaufenden Schmerznerven, in extremen Fällen auf das Rückenmark.

Zur ersten Hilfe gehören schmerzstillende und entkrampfende Medikamente bzw. Spritzen. Oft hilft geduldiges Warten, möglichst in Stufenlagerung, bis sich die verkrampften Muskeln von selbst lösen. Heiße Bäder und Reizstrombehandlung können den Heilprozess unterstützen. Erst wenn die Akutphase abgeklungen ist, darf mit Massagen und Krankengymnastik begonnen werden.

In Sanitätsgeschäften gibt es speziell auf die Körpergröße abgestimmte Würfel, die jedem, der öfter mit der Bandscheibe zu tun hat, zu empfehlen sind. Sie bieten die bequemste Möglichkeit, die den Rücken entlastende Stufenlagerung einzunehmen.

Im weiteren Verlauf sollte man sich mit Schmerzfreiheit nicht zufrieden geben, sondern die Gymnastik fortsetzen. Wer einmal starke Rückenschmerzen gehabt hat, kann ziemlich sicher sein, dass sie wiederkommen – falls die Muskeln und Bänder nicht konsequent trainiert werden.

Ischialgie

Wenn die Schmerzen bis ins Bein ausstrahlen, spricht der Orthopäde von einer Ischialgie.

Das unangenehme Ziehen und Reißen wird häufig durch die Reizung einer Nervenwurzel verursacht, z. B. bei einem Bandscheibenvorfall. Aber auch eine Reizung von Wirbelgelenken oder Bändern der unteren Lendenwirbelsäule kommt als Ursache infrage, seltener Blockierungen der Kreuz-Darmbein-Gelenke im Bereich des Gesäßes. Die Schmerzlinie verläuft von der Wirbelsäule herunter an der Rückseite des Pos und des Oberschenkels weiter in die Wade bis zum Fuß. Bei starken Beschwerden empfehlen sich zunächst die Stufenbettlagerung sowie Entspannungsübungen. Krankengymnastik sollte in der Akutphase nur unter Aufsicht eines Physiotherapeuten erfolgen.

Osteoporose (Knochenschwund)

Typisch für diese Erkrankung des Skelettsystems ist ein mehr oder weniger ausgeprägter Rundrücken – auch Witwenbuckel genannt, weil die Krankheit besonders oft Frauen nach den Wechseljahren trifft. Ursache der Osteoporose ist der Abbau von Knochenmasse. Der Knochen verliert an Festigkeit, wird porös, und die Gefahr von Knochenbrüchen wächst. Im schlimmsten Fall kommt es zu chronischen Schmerzen.

Eine Osteoporose wird häufig erst beim Auftreten von Knochenbrüchen diagnostiziert.

Eine Therapie beinhaltet immer gezielte Krankengymnastik, optimale Kalziumzufuhr und häufig die Einnahme von Östrogen. Vorbeugend helfen auch hier sportliche Aktivität und eine kalziumreiche Ernährung schon in jungen Jahren.

Hat sich die Osteoporose aber schon ausgeprägt, sind nur noch bestimmte, besonders rückenschonende Sportarten geeignet. Auch bei der Gymnastik sollten Sie auf stärker belastende Übungen verzichten.

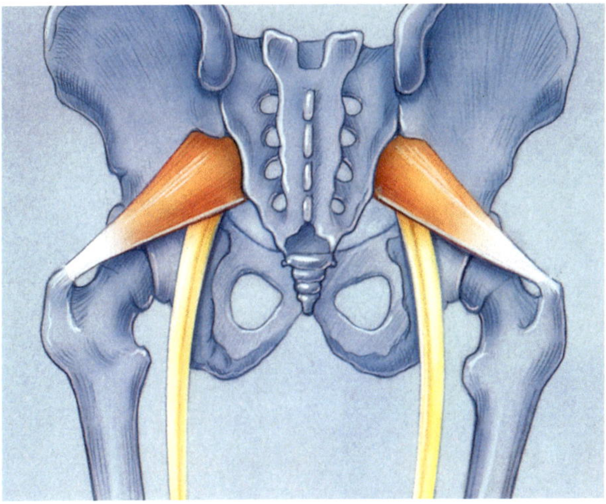

Die beiden Ischiasnerven (gelb dargestellt) verlaufen vom Becken abwärts die gesamten Beine entlang. Dies erklärt die sehr heftigen Schmerzen bei einer Ischalgie.

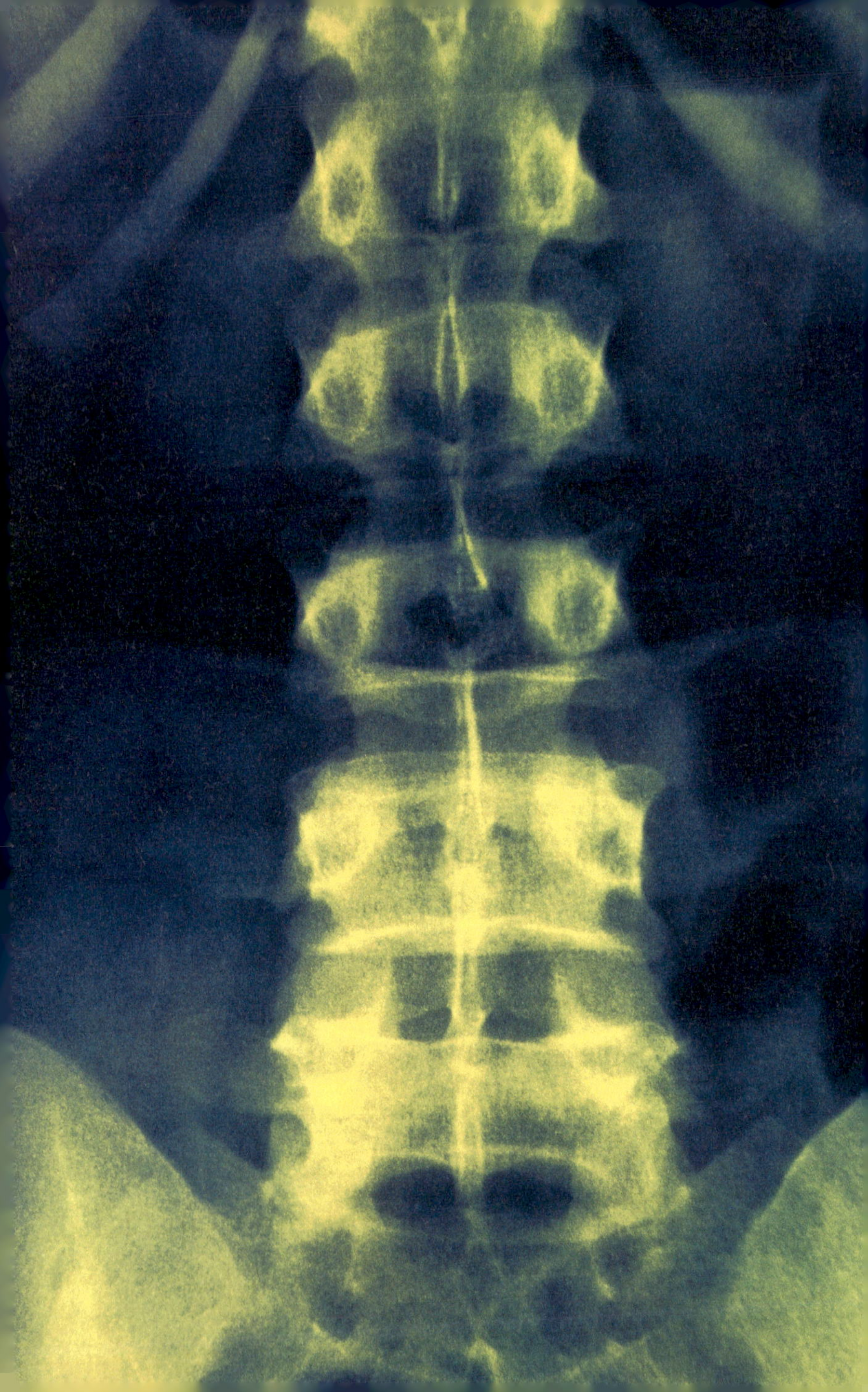

Die Rückenschule

Richtig stehen, sitzen, bücken, heben und tragen – das müssen die meisten Menschen erst wieder lernen, die Ärger mit der Wirbelsäule haben. Aber auch um es erst gar nicht so weit kommen zu lassen, ist die richtige Haltung bzw. das korrekte Bewegungsverhalten notwendig. Wer nicht gleich einen Kurs der Rückenschulen besuchen will, lernt auf den folgenden Seiten die wichtigsten Regeln kennen.

Jeder Haltungswechsel wirkt sich positiv auf die Bandscheiben aus. Längeres Verharren in einer Position ist immer schädlich.

Nach dem Kofferheben zum Notarzt

Es sollte so ein schöner Urlaub werden. Die Reisekoffer standen fertig gepackt vor dem Auto und mussten nur noch in den Kofferraum gehievt werden. In diesem Moment passierte es: Wie ein Blitz fuhr der Schmerz dem fröhlich gestimmten Familienoberhaupt ins Kreuz … Hexenschuss! Der Urlaub fand, bevor er überhaupt richtig begonnen hatte, sein abruptes Ende in der Notarztpraxis eines Orthopäden.

Unzählige solcher Unfälle gehen Jahr für Jahr auf das Konto »Bücken – Heben – Tragen«. Die Tabelle auf Seite 20 zeigt, welcher enorme Druck auf den Bandscheiben lastet, wenn Gewichte falsch angehoben werden.

Von morgens bis abends ist die Wirbelsäule den unterschiedlichsten Belastungen ausgesetzt. Der Druck auf die Bandscheiben ändert sich bei jeder Bewegung. Bereits im Sitzen mit nach vorn gebeugtem Kreuz ist der Druck siebenmal so groß wie beim Schlafen in der Rückenlage. Beim falschen Anheben eines 50 Kilogramm schweren Gegenstands erhöht sich dieser Wert auf das 28fache!

Erst wenn die Schmerzen da sind, wird uns die enorme Leistung, die die Wirbelsäule tagtäglich erbringt, bewusst.

Richtiges Heben

Wenn Sie Bauch und Po anspannen, ist Ihre Wirbelsäule optimal stabilisiert, um sogar schwere Lasten ohne Schäden heben zu können.

Denken Sie an die Gewichtheber, die in Bruchteilen einer Sekunde mehrere Zentner in die Höhe bringen. Solche Leistungen sind – will man schweren Verletzungen aus dem Weg gehen – nur mit einer optimalen Bewegungstechnik zu vollbringen:

▶ Treten Sie so dicht wie möglich an den zu hebenden Gegenstand heran.

▶ Gehen Sie in leichter Grätschstellung und mit geradem Oberkörper so weit in die Hocke, dass Sie die Last mit beiden Händen greifen können (maximal 90 Grad, tiefere Kniebeugen mit zusätzlicher Belastung stellen ein Risiko für Knorpelabnutzung dar).

Oder nehmen Sie den Kniestand ein:

▶ Geraden Oberkörper durch Kippen des Beckens im Hüftgelenk nach vorn neigen. Beim Kniestand dient das vordere Bein als »Rückenstütze«.

So groß ist der Druck auf die Bandscheiben

Tätigkeit	Belastung der Lendenwirbelsäule
Liegen auf dem Rücken	etwa 25 kg
Liegen in der Seitenlage	etwa 75 kg
Gehen	etwa 85 kg
Stehen	etwa 100 kg
Gerades Sitzen ohne Armlehne	etwa 140 kg
Im Sitzen nach vorn beugen	etwa 175 kg
Aufrichten aus der Rückenlage	etwa 180 kg
Anheben von 50 Kilogramm aus der Hocke	etwa 200 kg
Anheben von 50 Kilogramm mit vorgeneigtem Oberkörper	etwa 700 kg

Haltungsschäden und Bandscheibenleiden kann man oft einfach vorbeugen.

▶ Rumpfmuskulatur anspannen! Dadurch wird die Wirbelsäule stabilisiert, durch die so genannte Bauchpresse werden die Bandscheiben entlastet. Jetzt die Last gleichmäßig durch Strecken in Hüft-, Knie- und Sprunggelenken anheben. Wichtig ist, dass Sie die Last immer ganz nah an den Körper halten, wenn Sie sich aufrichten.

Auch wenn Sie keine Gewichte stemmen – beim Beladen des Geschirrspülers, beim Auffegen von Scherben, beim Öffnen der untersten Schublade, beim Anziehen der Schuhe sollten Sie grundsätzlich immer in die Hocke gehen!

Beim Heben schwerer Gegenstände nie den Atem anhalten! Unterstützen Sie den Hebevorgang durch bewusstes Ausatmen, und atmen Sie danach gleichmäßig weiter.

Nie mit einem Buckel und gestreckten Beinen einen Getränkekasten oder andere schwere Gegenstände anheben!

Tipp:
Eine Entlastung des Rückens erreichen Sie auch, wenn Sie einfach jemanden bitten, Ihnen beim Tragen zu helfen!

So werden Lasten richtig getragen

- Lieber öfter gehen und kleinere Lasten tragen!
- Verteilen Sie mehrere Tragelasten gleichmäßig!
- Schwere Gewichte immer dicht am Körper halten. Mit größerer Entfernung wächst – gemäß den Hebelgesetzen – die Belastung für die Wirbelsäule, insbesondere für die Bandscheiben.
- Grundsätzlich ist das Tragen von Lasten auf dem Rücken (z. B. mit einem Rucksack oder Schulranzen) gesünder als das Tragen vor dem Körper. Aber passen Sie auf, dass der Rucksack Sie nicht ins Hohlkreuz zieht!

Im Sitzen ist der Körperschwerpunkt nach vorn verschoben, so dass die Rückenmuskeln gegen ein Vornüberfallen des Körpers arbeiten müssen.

Auch richtiges Sitzen will gelernt sein

Für Arbeitsmediziner steht fest: Die Deutschen sitzen sich krank! Büromenschen verbringen im Durchschnitt 80 000 Stunden am Schreibtisch (die Schulzeit – auf dürftigen Stühlen – nicht mitgerechnet). Um die 20 Millionen Bundesbürger verrichten ihre Arbeit hauptsächlich im Sitzen. Aber nicht nur im Büro, auch zu Hause sitzen wir vorwiegend, beim Fernsehen, beim Essen, beim Zeitungslesen.

Falsches Sitzen – für den Rücken eine Qual

Langes, verkrampftes Sitzen belastet den gesamten Haltungs- und Bewegungsapparat. Wenn Bandscheiben schreien könnten – wir müssten uns vor lauter Wehklagen die Ohren zuhalten. Für sie ist Sitzen eine harte Strafe, auch wenn der Mensch die Ruheposition anfangs als angenehm empfindet. Da Bandscheiben jedoch keine Nerven und damit kein Schmerzempfinden haben, melden sie die Peinigung nicht an das Gehirn weiter. Erst wenn es zu spät ist, bekommen wir die Quittung.

Dynamisches Sitzen

Versuchen Sie, künftig mehr dynamisch zu sitzen. D. h.: Im Sitzen wird immer wieder die Haltung verändert. Das ist ein gutes Mittel, um die Bandscheiben zu entlasten und damit Rückenschmerzen zu vermeiden.

Der zweite Knackpunkt betrifft den Sitzplatz selbst. Merkwürdig: Unsere Kleidung suchen wir uns nach Größe und Statur aus. Doch für Stühle und Sessel scheint die Devise zu gelten: Einer für alle.

Richtiges Sitzen und die ergonomisch optimale Ausstattung des Arbeitsplatzes könnten durchaus einmal Thema einer firmeninternen Fortbildung sein.

Sitzmöbel passen nicht für jeden

Dabei können unpassende Sitzmöbel den Körper nachhaltiger martern als eine Hose, die etwas im Schritt kneift. Ist die Sitztiefe zu groß, fallen wir gern in den

Der optimale Arbeitsplatz

- Die Sitzfläche des Bürostuhls ist körpergerecht geformt – vorn gerundet und gut abgepolstert, um Blutstauungen in den Beinen zu vermeiden.
- Die Rückenlehne unterstützt die natürliche Form der Wirbelsäule beim Sitzen (Wölbung im unteren und mittleren Teil). Der gesamte Lendenwirbelsäulenbereich ist großflächig abgestützt. Die Oberkante der Rückenlehne reicht bis zu den Schulterblättern.
- Die Sitzhöhe richtet sich nach der Höhe der Arbeitsebene. D. h.: Wenn Sie die Arme im Sitzen locker auf den Tisch legen, bilden Oberarme und Unterarme einen Winkel von 90 Grad und mehr. Oberschenkel und Unterschenkel bilden im Sitzen einen Winkel von 90 bis 100 Grad.
- Eine Fußstütze oder ein Fußkeil ist nur dann sinnvoll, wenn die Füße in der Luft schweben.

Rundrücken. Ist sie zu kurz, sitzen wir zu starr. Ist der Stuhl zu hoch, entsteht Druck auf die Oberschenkel. Ist er zu niedrig, wird der Bauch zusammengepresst, und wir machen wiederum einen Buckel. Die Folgen sind Ischialgien, Neuralgien, Muskelverhärtungen und Verspannungen. Damit sollte klar sein: Sitzmöbel passen nicht immer. Und sind sie verstellbar wie viele Bürostühle, werden sie aus Unkenntnis oft falsch genutzt.

Beobachten Sie einmal, wie eine Katze sich räkelt, wenn sie aus dem Schlaf erwacht, und nehmen Sie sich ein Beispiel an ihr.

Auch der teuerste Bürostuhl ist keine Hilfe für den Rücken, wenn Sie falsch darauf sitzen. Mit aufrechtem Rücken hingegen wird jedes Sitzmöbel zum Gesundheitsstuhl. Freilich ist es nur mit äußerster Selbstdisziplin möglich, über längere Zeit hinweg auf einem unbequemen Stuhl eine gesunde Haltung einzunehmen. Deshalb ist Abwechslung gefragt, und Sie sollten als Alternative zu Ihrem guten Bürostuhl mit Lehne noch weitere Sitzgelegenheiten im Büro haben, die Sie ab und zu für kurze Zeit nutzen: Kniestuhl, Sitzball oder andere bewegliche Möbel, die Sie zwingen, den Körper im Gleichgewicht zu halten.

TIPP Probieren Sie in einem Fachgeschäft verschiedene Bürostühle aus. Lassen Sie sich beraten. Achten Sie auf das Gütesiegel »Geprüft & empfohlen« der »Aktion Gesunder Rücken e. V.« (AGR). Unabhängige Fachleute garantieren eine neutrale Produktprüfung. Zusätzliche Informationen zum Gütesiegel bei: AGR, Postfach 1361, 27423 Bremervörde.

Ein rückenfreundlicher Tag

Rückenschmerzen sind in der Regel die Summe unzähliger kleiner Sünden des täglichen Lebens. Starres Sitzen am Computer, langes Stehen, Marathon-Autofahren, Gartenarbeit in gekrümmter Haltung; überhaupt jede einseitige Arbeitsbelastung – das alles trägt unweigerlich zum Verschleiß von Wirbelgelenken und Bandscheiben bei.

Wie ein rückenfreundlicher Alltag im Idealfall aussehen könnte, soll hier einmal anhand eines fiktiven Tagesablaufs demonstriert werden. Auf die wichtigsten Punkte gehen wir später noch ausführlicher ein.

Besorgen Sie sich eventuell für Ihr Büro einen Gymnastikball, auf dem Sie zur Abwechslung zeitweilig sitzen und den Sie auch bei der Bürogymnastik nutzen können.

6.30 Uhr Aufstehen. Sie dehnen und strecken sich. Danach rutschen Sie zur Bettkante hin. Aus der Seitenlage stützen Sie Ihren Oberkörper mit geradem Rücken in die Höhe und senken gleichzeitig Ihre Beine zum Boden.

6.45 Uhr Zähneputzen. Sie stehen aufrecht mit leicht gebeugten Knien breitbeinig vor dem Spiegel. Wenn Sie sich über das Waschbecken beugen, stellen Sie ein Bein nach hinten, schieben den Po etwas nach hinten und machen den Rücken lang.

7.00 Uhr Ankleiden. Während Sie in Ihre Hose schlüpfen, lehnen Sie sich mit geradem Rücken gegen eine

Für »Schreibtischtäter« optimal: rückenentlastendes Radfahren.

Leider ist es noch nicht allgemein üblich geworden, dass die Teilnehmer einer Konferenz in Bewegung bleiben. Das käme nicht nur der Gesundheit, sondern auch der Konzentrationsfähigkeit zugute.

Wand oder einen Schrank. Zum Anziehen der Schuhe setzen Sie sich hin, oder Sie stellen den Fuß dabei hoch.

7.10 Uhr Frühstücksvorbereitung in der Küche. Sie schaffen Ihrem Kreuz Entlastung, indem Sie sich mit den gebeugten Knien an den Unterschränken und mit der Hüfte am Arbeitsplattenrand abstützen.

7.30 Uhr Fahrt ins Büro. Da das Wetter schön ist, lassen Sie das Auto stehen und nehmen das Fahrrad.

8.00 Uhr Sie sitzen »dynamisch« an Ihrem Schreibtisch, d. h., Sie wechseln beim Arbeiten immer wieder Ihre Sitzposition. Mal lehnen Sie sich nach hinten, mal nach vorn. Zwischendurch stehen Sie auf oder stützen sich auf der Tischplatte ab.

8.30 Uhr Minipause. Sie verschränken die Hände hinter dem Kopf, recken und strecken sich, stemmen sich auf den Armlehnen des Stuhls hoch.

9.00 Uhr Wichtige Telefonate. Sie erledigen die Gespräche nicht im Sitzen, sondern im Stehen. Mit dem Hörer in der Hand gehen Sie ein paar Schritte auf und ab. Sie spüren, dass Sie konzentrierter und reaktionsschneller sind als im Sitzen.

10.00 Uhr Bürogymnastik. Sie nutzen die Gelegenheit, dass Sie allein im Zimmer sind, zu ein paar Übungen. Anleitungen finden Sie in diesem Buch.

12.30 Uhr Mittagspause. Sie nehmen nicht den Fahrstuhl, sondern laufen durchs Treppenhaus ins Freie. Die Kantine lassen Sie links liegen, dafür gehen Sie zum Italiener drei Straßen entfernt.

13.15 Uhr Rückweg zum Büro. Ein Kollege stoppt am Straßenrand und will Sie mitnehmen. Sie lehnen ab und wetten mit ihm, dass Sie schneller zurück sind als er.

13.30 Uhr Konferenz im kleinen Sitzungssaal. Sie setzen sich nicht an den runden Tisch, sondern bleiben an einer Wand stehen. Ihre momentane Haltung verändern Sie ständig. Mal lehnen Sie sich mit dem Rücken an die Wand, mal stützen Sie sich mit den Händen auf einer Stuhllehne ab.

14.00 Uhr Sie müssen ein Kurzreferat am Stehpult halten. Dabei stellen Sie mal den rechten, mal den linken Fuß auf die Fußstütze. Sollte keine Fußstütze vorhanden sein, knicken Sie mit leicht gespreizten Beinen etwas in den Kniegelenken ein. Zwischendurch verlagern Sie Ihr Körpergewicht auf das jeweils nach vorn gestellte Standbein.

14.30 Uhr Konferenzende. Auf dem Flur nagelt Sie ein Kollege fest und will mit Ihnen einige Termine absprechen. Sie bleiben nicht wie angewurzelt stehen, sondern gehen mit Ihrem Gesprächspartner ein paar Schritte auf und ab.

15.30 Uhr Kaffeepause. Sie bleiben nicht am Schreibtisch hocken, sondern flitzen über die Treppen in die Kantine.

17.00 Uhr Feierabend. Sie radeln mit dem Fahrrad nach Hause, machen einen Umweg durch den Stadtpark.

In der Freizeit sollten besonders jene Muskeln beansprucht werden, die während des Arbeitstags eher brachliegen. Sonst geht auf Dauer das fein austarierte Gleichgewicht zwischen den Muskelgruppen verloren.

Bei der Arbeit im Garten den Rücken schonen: Knien statt Bücken.

Entspannung ist wichtig, um die Belastungen zu verarbeiten, denen der Körper tagsüber ausgesetzt wurde. Am besten, Sie erlernen eine Entspannungstechnik.

17.30 Uhr Gartenarbeit. Beim Unkrautjäten und beim Pflanzen gehen Sie in den Kniestand. D. h., Sie knien auf einem Bein, das andere Bein stellen Sie angewinkelt nach vorn.

18.30 Uhr Staubsaugen ohne »Katzenbuckel«. Ihr Sauger verfügt über einen Teleskopstiel, den Sie so weit ausfahren, dass Sie aufrecht die Arbeit verrichten können. Unter Tischen, Betten oder Sofas saugen Sie mit gebeugten Knien, während der Rücken gerade bleibt.

19.00 Uhr Noch schnell ein paar Hemden bügeln. Sie stellen das Bügelbrett 10 bis 15 Zentimeter unter Ellenbogenhöhe ein. Die Bügelwäsche befindet sich in rückenfreundlicher Höhe auf einem Stuhl, um unnötiges Bücken zu vermeiden. Beim Bügeln wechseln Sie öfter das Standbein.

19.30 Uhr Kleines Gymnastikprogramm zur Stärkung der Bauch- und Rückenmuskulatur. Anregungen finden Sie weiter hinten in diesem Buch.

20.00 Uhr Tagesschau. Sie machen es sich im Liegesessel bequem. Die Beine lagern Sie hoch, unter die Lendenwirbel schieben Sie ein Kissen.

20.15 Uhr Spaziergang um den Block. Sie ziehen die bequemen Joggingschuhe an und überreden Ihren Nachbarn, mitzukommen. Unterwegs legen Sie immer wieder Tempowechsel ein.

21.00 Uhr Sie lesen die Tageszeitung – ganz entspannt in der Badewanne! Dazu lassen Sie heißes Wasser ein und verwenden ein Extrakt aus Fichtennadeln als Badezusatz.

22.00 Uhr Ab in die Federn! Beim Hinlegen machen Sie es wie beim Aufstehen, nur umgekehrt: Sie setzen sich auf die Bettkante. Dann werden die Beine ins Bett gehoben, wobei wieder der Po als Dreh- und die Arme als Stützpunkt dienen. Danach wird der Oberkörper gesenkt.

Alte Gewohnheiten ändern – aber wie?

Es braucht Zeit, bis Ihnen das rückenfreundliche Verhalten in Fleisch und Blut übergegangen ist. Einige psychologische Tipps können Ihnen helfen, Ihre lieb gewonnenen, aber schlechten Gewohnheiten zu ändern:

- Erwarten Sie keine Wunderdinge von sich selbst. Versuchen Sie zu Beginn nicht, alles auf einen Schlag zu ändern.

- Setzen Sie sich kleine, realisierbare Ziele. Fassen Sie Ihre Vorsätze nur tageweise, und begrenzen Sie sie zunächst auf einen Lebensbereich.

- Nutzen Sie Erinnerungshilfen! Erinnern ist die Voraussetzung für eine dauerhafte Verhaltensänderung. Ein kleiner roter Klebepunkt an Ihrem Schreibtisch könnte Sie beispielsweise immer daran erinnern, aufrecht und dynamisch zu sitzen.

- Optimieren Sie Ihren Arbeitsbereich. Allein schon das Hochstellen des Telefons auf ein Stehpult, eine Fensterbank oder ein Bücherregal wirkt sich positiv auf Ihr Bewegungsverhalten aus. Bei allen Telefonaten sorgen Sie automatisch für einen dynamischen Wechsel von Stehen und Sitzen.

- Setzen Sie Ihre guten Vorsätze sofort in die Tat um. Verschieben Sie die Umsetzung nicht auf morgen, warten Sie nicht auf bessere Gelegenheiten.

- Werfen Sie nicht so schnell das Handtuch! Sie sollten kein schlechtes Gewissen haben, wenn Sie einmal Ihre Vorsätze nicht verwirklicht haben. Akzeptieren Sie die Tatsache, und versuchen Sie es aufs Neue. Jeder neue Anfang zählt.

Erstaunlicherweise ist es einfacher, schlechte Gewohnheiten anzunehmen als gute. Bauen Sie sich Eselsbrücken, kleben Sie sich beispielsweise abends eine Notiz mit den guten Vorsätzen für den neuen Tag an den Spiegel.

Rückengymnastik

Die richtige Gymnastik, regelmäßig ausgeführt, ist das A und O bei Rückenbeschwerden. Im folgenden Kapitel finden Sie eine Fülle von Übungen, gegliedert nach den Abschnitten der Wirbelsäule, an denen die Probleme auftreten. Bei den »Top-Übungen« handelt es sich um Paradeübungen erfahrenener Krankengymnasten, die wir Ihnen besonders empfehlen.

Die Übungen in diesem Buch wurden mit Unterstützung von erfahrenen Krankengymnasten und Medizinern erarbeitet. Stellen Sie sich daraus ein Programm mit Ihren Lieblingsübungen zusammen!

Die Trainingsvarianten

Die nachfolgend genannten Begriffe tauchen gelegentlich in den Übungsanleitungen auf. Sie bilden die Eckpfeiler eines guten Gymnastikprogramms.

- *Mobilisation* heißt so viel wie Beweglichmachung. Sie erleichtern sich damit viele Alltagsbewegungen, beugen Verletzungen des Muskel- und Bandapparats vor und verbessern Ihre sportlichen Möglichkeiten.
- *Dehnung* der Muskulatur vergrößert den Bewegungsspielraum der Gelenke und reduziert die Verletzungsanfälligkeit.
- *Kräftigung* der Muskulatur erhöht die Leistungsfähigkeit und trägt ganz wesentlich zur Entlastung des Stütz- und Bewegungsapparats bei.
- *Stabilisation* ist im Prinzip ebenfalls eine Kräftung der Muskulatur in körpergerechter Haltung.
- *Körperwahrnehmung* bedeutet, bewusst mit dem eigenen Körper umzugehen. Das führt zu einer besseren Haltung und dem Gefühl für die richtige Belastung.
- *Entspannung* sorgt für Wohlbefinden: Mit lockeren Bewegungen schließen Sie Ihr Training ab, die Atmung beruhigt und normalisiert sich.

Gymnastik für den Rücken führt gleichzeitig zu Anmut und Ausgeglichenheit.

Tipps für die optimale Gymnastik

Bevor Sie mit Ihrer Rückengymnastik beginnen, sollten Sie sich die folgenden Ratschläge genau durchlesen. Sie vermeiden so Verletzungen, und der Effekt Ihrer Übungen ist optimal.

Die einen entspannt Musik von Mozart oder Händel, andere mögen lieber Sphärenklänge oder Naturgeräusche wie Meeresrauschen oder Vogelgezwitscher. Der Fachhandel bietet eine Fülle von CDs und Kassetten mit spezieller Entspannungsmusik an.

Die Rahmenbedingungen

▸ **Regel Nr. 1:** Legen Sie nicht direkt nach dem Aufstehen los, auch wenn Sie sich morgens noch so fit und ausgeschlafen fühlen! Über Nacht haben sich die Bandscheiben – in entspannter Ruhelage – mit Flüssigkeit und Nährstoffen vollgesogen. Sie sind dann prall gefüllt wie ein nasser Schwamm und in diesem Zustand besonders empfindlich für Belastungen und Reizungen.

▸ **Regel Nr. 2:** Üben Sie ohne Hektik! Hektik und Stress vertragen sich nicht mit Rückentraining, schon gar nicht mit Entspannungsübungen. Wenn Sie unter Zeitdruck stehen, auf Besuch oder wichtige Anrufe warten, verzichten Sie lieber auf Ihr Trainingsprogramm. Am besten verzieht man sich in ein separates, nicht zu kühles Zimmer und hängt für die Mitbewohner ein Schildchen an die Tür: Bitte nicht stören! Leise Hintergrundmusik kann zur Entspannung beitragen.

▸ **Regel Nr. 3:** Üben Sie nicht auf einer zu weichen, aber auch nicht auf einer zu harten Unterlage! Eine Matratze ist ebenso untauglich wie ein harter Holzboden. Ein dicker, elastischer Teppichboden wäre ideal. Wenn Sie den direkten Kontakt mit dem Teppich meiden wollen, breiten Sie eine große Decke aus. Bei Übungen auf Steinböden oder Parkett werden Muskeln und Gelenke überstrapaziert. Schaffen Sie sich am besten eine Gymnastikmatte an. Zur Unterstützung des Kopfs nimmt man ein Kissen oder ein zusammengefaltetes Badetuch.

TIPP Wer sich zu krank fühlt, um für das Übungsprogramm aufzustehen, sollte auch keine Gymnastik im Bett absolvieren.

Gute Übungsprogramme beginnen mit einer zehnminütigen Aufwärmphase, dann folgt eine ebenso lange Dehnphase. Schmerzen sind ein Warnsignal, das zum Aufhören auffordert.

Grundregeln für das Gymnastikprogramm

- Sanft beginnen, das Training langsam steigern. Wenn nicht anders angegeben, sollten die Übungen fünf- bis zehnmal wiederholt werden.
- Die Atmung nicht anhalten. Fällt dies schwer, nur für die Dauer des Ausatmens die Spannung halten.
- Brechen Sie Übungen, die Schmerzen bereiten, ab.
- Zwischen den einzelnen Übungen immer lockern.
- Bei allen Übungen im Stand die Knie etwas beugen und das Gesäß leicht anspannen.
- Achten Sie bei allen Übungen darauf, dass der Rücken gerade bleibt.
- Die Übungen nie ruckartig oder schnell, sondern immer langsam und gleichmäßig ausführen.

Das tägliche Gymnastikprogramm lässt sich ohne Aufwand in den Alltag integrieren. Entspannung ist aber immer wichtig: Sorgen Sie dafür, dass Sie nicht gestört werden!

Übungen zum Aufwärmen

Aufwärmübungen bringen den Kreislauf in Schwung, Puls und Atmung beschleunigen sich, und die Muskeln werden gut durchblutet.

Jeder Rückengymnastik sollte ein zehnminütiges Aufwärmtraining vorangehen. Ziel ist eine kräftige Durchblutung des Muskelgewebes, was die Verletzungsgefahr verringert. Gut durchblutete Muskeln weisen nämlich ein erheblich größeres Dehnungs- und Kontraktionsvermögen auf.

Natürlich müssen Sie nicht alle Übungen, die wir Ihnen im Folgenden vorstellen, in die Tat umsetzen. Stellen Sie sich aus den Vorschlägen Ihr persönliches Programm zusammen. Gehen Sie das Aufwärmtraining bewusst langsam an, so dass Sie nicht außer Atem kommen. Mehrere kürzere Pausen zwischendurch sind besser als eine längere Pause.

- Nehmen Sie die Grundhaltung im Stehen ein. Die Beine sind dabei etwas gegrätscht, die Kniegelenke leicht eingeknickt. Die Arme werden seitlich in die Hüften gestemmt. In dieser Haltung den Kopf und den Oberkörper entspannt fallen lassen und wieder aufrichten. Arme locker pendeln und einige Male ausschütteln, ebenso die Beine.
- Ungezwungen und ohne Anstrengung auf den Fußballen hin- und hertraben, im Kreis, in Schlangenlinien, vorwärts und rückwärts.
- Mit großen, elastischen Schritten gehen, dabei die Arme schütteln, schlenkern und kreisen. Zwischendurch mit lockeren Fäusten boxen, nach vorn, nach oben, nach unten und zur Seite. Bei akuten Rückenproblemen die Bewegungen nur langsam und vorsichtig ausführen.
- Hüpfen Sie auf der Stelle, im Wechsel vorwärts und rückwärts, nach links und nach rechts. Zwischendurch machen Sie den Hampelmann (im Rhythmus Beine

grätschen und schließen, Hände über dem Kopf zusammenschlagen und Arme wieder seitlich fallen lassen). Bei Rückenschmerzen, Morbus Bechterew oder Skoliose diese Übung auslassen.

▶ In der Grundhaltung, also mit leicht gegrätschten Beinen, den Rumpf nach links und rechts drehen. Immer gleichmäßig und langsam (3- bis 6-mal). Anschließend beide Arme nach vorn oben ausstrecken, vor- und rückwärts eng am Körper vorbeiziehen (vier- bis achtmal). Diese Übung kann auch im Sitzen ausgeführt werden, möglichst vor einem Spiegel mit Blickkontrolle.

▶ Mit gegrätschten Beinen die Hände hinter dem Kopf verschränken und den Rumpf langsam zur Seite beugen, erst nach links, dann nach rechts (3- bis 6-mal). Achten Sie auf einen geraden Rücken.

▶ Auf den rechten Fuß stellen. Das linke Bein nach hinten hochziehen, bis Sie den Fuß mit der Hand greifen können. Dann den Fuß langsam bis zum Po hochziehen und 10 bis 20 Sekunden halten. Danach wechseln. Aufpassen, dass Sie nicht ins Hohlkreuz fallen (im Zweifel Spiegelkontrolle). Falls Sie bei dieser Übung das Gleichgewicht verlieren, mit der freien Hand einen festen Halt (Wand, Türrahmen) suchen.

▶ Legen Sie sich auf den Rücken, die Arme neben dem Körper. Heben Sie beide Beine gebeugt im rechten Winkel an. Bewegen Sie nun die Beine in der Luft wie beim Radfahren, mal vorwärts, mal rückwärts. Rücken und Po bleiben bei dieser Übung fest am Boden. Fahren Sie 30 Sekunden Rad (viermal wiederholen).

Tipp Wenn Sie vor der Gymnastik die schmerzenden Körperteile aufwärmen (Rotlicht, Heizkissen, Wärmflasche, Sauna, heiße Dusche), dann ist die Wirkung Ihrer Übungen noch stärker.

Was die Intensität, Häufigkeit und Dauer der einzelnen Übungen angeht, so gilt generell: Hören Sie auf Ihren Körper, unterfordern Sie sich nicht, aber tun Sie auch nicht zu viel des Guten.

Die Grundpositionen

Sicher hat jeder eine mehr oder weniger vage Vorstellung davon, wie ein Vierfüßler- oder Kniestand aussieht. Da der Erfolg Ihres Gymnastikprogramms entscheidend davon abhängt, wie exakt Sie die einzelnen Übungen ausführen, erklären wir Ihnen einige Grundbegriffe so genau wie möglich:

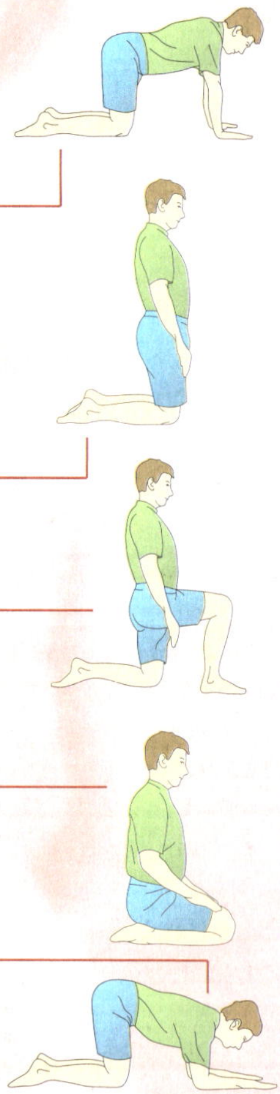

Vierfüßlerstand: Sie stehen auf den Handinnenflächen, den Schienbeinen und den Fußrücken. Rücken, Halswirbelsäule und Kopf sind in der Waagerechten. Die Nase zeigt nach unten. Ellenbogen sind leicht gebeugt und nach innen gedreht. Die Hände befinden sich unter den Schultergelenken, die Kniegelenke sind direkt unter die Hüftgelenke gestellt.

Kniestand: Sie ruhen auf den Knien, Schienbeinen und Fußrücken. Der Oberkörper ist aufgerichtet.

Ein-Bein-Kniestand: Siehe oben, aber ein Bein ist nach vorn aufgestellt, wobei die gesamte Fußsohle gleichmäßig belastet ist.

Fersensitz: Siehe Kniestand, jedoch ruhen Sie mit dem Po auf den Fersen.

Unterarmstütz: Sie ruhen auf den Unterarmen, Handinnenflächen, Schienbeinen und Fußrücken. Die Ellenbogen befinden sich unter den Schultern, die Knie direkt unter den Hüftgelenken.

Übungen für die Halswirbelsäule

Die nachfolgenden Übungen sollen geschwächte Muskelpartien kräftigen, verspannte Muskeln lockern, verkürzte Muskeln dehnen und damit zu einer besseren Körperhaltung führen.

Übungen zur Kräftigung der Muskulatur

Ausgangsstellung der Übungen ist der aufrechte Sitz auf einem Hocker vor einem Spiegel, damit Sie Ihre Bewegungen kontrollieren können. Ober- und Unterschenkel bilden einen rechten Winkel, die Füße stehen fest auf dem Boden.

1. Bauch- und Gesäßmuskeln werden angespannt, um ein Hohlkreuz zu vermeiden. Sie sollten den Druck der Füße am Boden und den der beiden Pobacken auf dem Hocker spüren. Die Nase zeigt genau nach vorn.
2. Hände an die Hinterkopfwölbung legen, Druck nach vorn gegen den Kopf geben. Der Kopf erwidert diesen Druck mit gleicher Kraft nach hinten. So wird eine isometrische Spannung erzeugt, d. h. eine Muskelanspannung, die nicht mit einer zusätzlichen Bewegung verbunden ist.
3. Hände an die Stirn legen, gleich starken Druck mit der Stirn nach vorn und den Händen nach hinten geben.
4. Die rechte Hand fasst von unten den Hockerrand. Der Kopf wird gerade eingestellt: Blick geradeaus zum Spiegel. Dann gibt die linke Hand oberhalb des linken Ohres Druck gegen den Kopf, den der Kopf gleich stark erwidert. Dasselbe umgekehrt.
5. Die linke Hand gibt Druck gegen die linke Wange, die rechte Hand gleichzeitig gegen die rechte Hinterkopfpartie. Die Drehung des Kopfs nach links soll dadurch vermieden werden. Dasselbe umgekehrt.

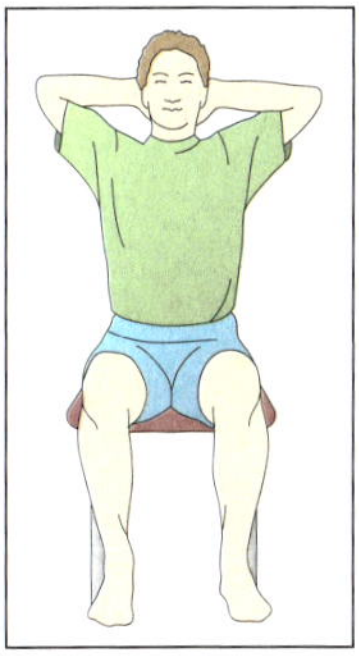

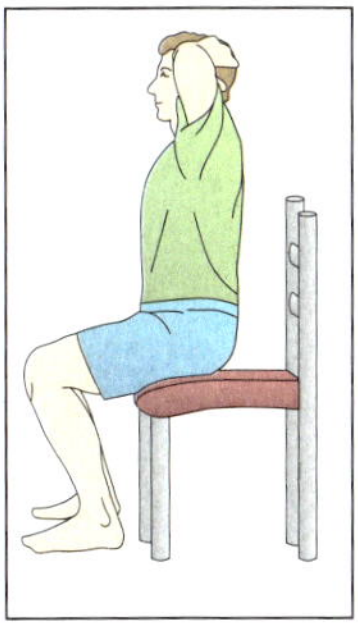

6. Beide Hände auf den Kopf legen, Ellenbogen weit auseinander ziehen. Gegen leichten Druck der Hände auf den Kopf soll sich die Wirbelsäule von unten, d. h. vom Becken und von den Füßen her (durch Druck der Füße auf den Boden) strecken. Kein Hohlkreuz machen! Nicht die Schultern hochziehen! Die Nase zeigt genau nach vorn.

Übungen zur Verbesserung der Körperhaltung

Ausgangsstellung vor dem Spiegel einnehmen. In Abänderung der vorherigen Spannungsübungen werden jetzt die Schultern heruntergezogen. Die Arme hängen locker herab. Halswirbelsäule strecken.

1. Die Fingerspitzen ziehen senkrecht nach unten. Kinn nach vorn herunter zum Brustbein ziehen. Danach den Kopf wieder gerade stellen, Arme locker lassen.

2. Kopf nach hinten neigen (Blick nach oben zur Decke) – Kopf gerade stellen.

3. Kopf nach rechts drehen (Blick über die rechte Schulter) – Kopf gerade stellen. Dasselbe nach links.

4. Rechtes Ohr zur rechten Schulter neigen (die linke Schulter bleibt unten und die Nase nach vorn gerichtet). Kopf gerade stellen. Dasselbe nach links.

Jeder sollte sich einmal am Tag bewusst aufrichten. Das kann beim Warten auf den Bus sein, vor der Fußgängerampel oder in der Schlange an der Kasse.

Nacken-Seit-Dehnung als Soforthilfe

Wenn Sie nach einem anstrengenden Tag im Büro erschöpft nach Hause kommen, empfehlen wir Ihnen die Nacken-Seit-Dehnung als Soforthilfe für den HWS-Bereich. Auch nach langen Autofahrten mit verkrampftem Nacken sollten Sie die Übung ausprobieren.

- **Ausgangsposition:** Sie sitzen auf einem Stuhl, die Beine stehen etwas mehr als hüftbreit auseinander.
- **Ausführung:** Richten Sie sich gerade auf, und ziehen Sie beide Schultern in Richtung Fußboden herunter.

Ein verspannter Nacken quält uns oft in Tateinheit mit Kopfschmerzen – dehnen hilft.

Strecken Sie einen Arm nach oben, und führen Sie ihn über den Kopf, bis die Handinnenfläche an der gegenüberliegenden Schläfe liegt. Drücken Sie den Kopf gegen die Handfläche. Die Spannung etwa 5 Sekunden lang halten.
Dann neigen Sie den Kopf zur Seite (Richtung Armbeuge, die Hand bleibt an der Schläfe liegen), gleichzeitig führen Sie den anderen Arm gestreckt nach unten, so dass sich Kopf und Schulter voneinander entfernen. Die Dehnung 10 Sekunden lang halten, dann den Kopf zur Mitte zurückführen. 2-mal wiederholen, anschließend Seitenwechsel.

Wer seine ganze Aufmerksamkeit der Stelle widmet, die gerade trainiert wird, erfährt mehr über seinen Körper und entwickelt mit der Zeit ein feines Gespür für richtige und falsche Bewegungen.

Top-Übung

Nach einem anstrengenden oder arbeitsreichen Tag sollten Sie auch die folgende Übung ausprobieren. Sie ist eine wunderbare Sofortentlastung für den Kopf-Nacken-Schulter-Bereich.

▸ **Ausgangsposition:** Rückenlage. Die Beine liegen leicht gegrätscht auf dem Boden, die Arme etwas abgewinkelt neben dem Körper.

▶ **Ausführung:**

1. Kopf seitwärts im Wechsel zur rechten und zur linken Schulter neigen.
2. Kopf im Wechsel zur rechten und zur linken Schulter drehen.
3. Kopf im Wechsel ablegen (Kinn zur Brust) und anheben (Kinn rausschieben).
4. Hände hinter dem Kopf falten. Kopf und Schultergürtel im Wechsel nach links und rechts neigen.
5. Hände hinter dem Kopf falten. Kopf und Schultergürtel im Wechsel nach rechts und links drehen.
6. Hände hinter dem Kopf falten. Kopf und Schultergürtel im Wechsel anheben und ablegen (Kinn nach vorn schieben).

Achtung: Am Anfang sollten Sie die Übung 3-mal, später bis zu 10-mal wiederholen. Dabei ist es wichtig, ein ruhiges Tempo einzuhalten.

Der Wechsel zwischen Spannung und Entspannung sorgt dafür, dass die Muskulatur besser durchblutet wird. Wichtige Nährstoffe und Sauerstoff gelangen ins Gewebe, und Schlacken werden abtransportiert.

Lockern der Arme und Schultern

Zwischen den einzelnen Übungen und zum Abschluss des Gymnastikprogramms werden Schultern und Arme gelockert:

1. Schultern kräftig hoch zu den Ohren ziehen, danach locker und schwer fallen lassen.
2. Schultern nach vorn ziehen, Daumen nach innen drehen, Schultern nach hinten ziehen und Daumen zugleich nach außen drehen.
3. Arme vor- und rückwärts schwingen. Dazu eventuell kleine Gewichte in die Hände nehmen.
4. Beide Arme vorwärts und rückwärts kreisen lassen, zunächst beide in die gleiche Richtung, dann gleichzeitig einen Arm vorwärts und den anderen rückwärts.
5. Arme seitlich hochnehmen und locker wieder fallen lassen.

Übungen für die Brustwirbelsäule

An dem Brustteil der Wirbelsäule (der die den Brustkorb bildenden Rippen trägt) gibt es neben den eigentlichen Wirbelgelenken noch die Wirbelrippengelenke. Auch hier können degenerativ bedingte Schmerzen entstehen. Typische Leiden der Brustwirbelsäule (BWS) sind der Rundrücken, die Scheuermannsche Krankheit, die Osteoporose (»Witwenbuckel«), Morbus Bechterew sowie Schmerzen aufgrund von Haltungsfehlern.
Die Übungen sind sowohl zur Vorbeugung als auch zur Linderung bestehender Beschwerden geeignet. Für betroffene Leser, die an einem – im BWS-Bereich seltenen – Bandscheibenvorfall operiert wurden, ist zudem eine »Pflichtübung« angegeben.

Die richtige Atmung spielt bei allen Übungen eine wichtige Rolle. Atmen Sie ruhig und gleichmäßig, vermeiden Sie Pressatmung.

Die Pflichtübung nach der Bandscheiben-OP

Viele Rückenpatienten kennen die Übung sicher noch aus dem Krankenhaus. Sie gehört zu den ersten vorsichtigen Spannungsübungen nach einer Bandscheibenoperation sowohl im BWS- als auch im Lendenwirbelsäulenbereich. Auch bei Blockierungen werden damit gute Erfolge erzielt.

- **Ausgangsstellung:** Entspannte Rückenlage. Knie leicht anbeugen, Fersen bleiben auf der Unterlage.
- **Ausführung:** Grundspannung wie folgt aufbauen: Zehen und Füße hochziehen Richtung Nase, Fersen einstemmen, Po anspannen, Kopf in die Unterlage drücken, wobei das Kinn leicht nach unten Richtung Brustbein gezogen wird. Arme nach außen drehen (Hände sind geöffnet, Daumen zeigen nach außen). Arme und Hände werden nun kräftig gegen die Unterlage gedrückt. Spannung 10 Sekunden lang halten, 4 Sekunden entspannen, 10-mal wiederholen.

Hinkelsteinstemmen

Das Hinkelsteinstemmen gehört ebenfalls zu den wenigen Übungen, die nach einer Bandscheibenoperation und bei einem Hexenschuss (bzw. bei Blockierungen) ausgeführt werden dürfen.

▶ **Ausgangsstellung:** Entspannte Rückenlage, Knie und Hüfte leicht anbeugen, Ferse auf der Unterlage aufstellen. Zehen und Füße in Richtung Nase hochziehen. Leicht angewinkelte Arme zur Decke strecken, Ellenbogen leicht nach außen drehen, Hände öffnen, Finger etwas anbeugen (Nestchenform, als würde man einen Schneeball formen). Handinnenfläche nach oben drehen.

▶ **Ausführung:** Spannung wie folgt aufbauen: Zehen und Füße in Richtung Nase hochziehen, Po dabei anspannen und Kopf in die Unterlage drücken, wobei das Kinn leicht nach unten Richtung Brust gezogen wird. Die Hände mit maximaler Kraft gegen einen imaginären Hinkelstein nach oben stemmen, 10 Sekunden lang halten, 4 Sekunden entspannen. 10 Wiederholungen in Folge.

Bodenübungen absolvieren Sie am besten auf einem Teppichboden oder einer Gymnastikmatte. In Sportgeschäften gibt es eine große Auswahl an leicht zu transportierenden rutschfesten Unterlagen.

Top-Übung 1

Die folgende Übung ist besonders wirkungsvoll bei Blockierungen, Flachrücken, Rundrücken und degenerativen Veränderungen der Wirbelsäule.

▶ **Ausgangsposition:** Rückenlage. Als Hilfsmittel benötigen Sie ein Handtuch in Standardgröße, das Sie erst längs, dann quer falten und anschließend längs aufrollen. Die Länge beträgt dann ca. 23 Zentimeter, die Dicke ca. 6 Zentimeter. Das gerollte Handtuch wird unter dem Rücken in Höhe des zwölften Brustwirbels (etwa Taillenhöhe) platziert.

▶ **Ausführung:** Bleiben Sie 1 Minute mit gestreckten Armen und Beinen ruhig liegen. Dann die Füße aufsetzen (Knie sind etwa 90 Grad gebeugt). 10-mal mit aufgestellten Füßen die Knie im Wechsel nach rechts und nach links bewegen, anfangs nur um ca. 25 bis 30 Grad, später so weit es geht.
Danach den Körper um 2 bis 3 Zentimeter nach unten verlagern, das zusammengerollte Handtuch bleibt dabei jedoch liegen – jetzt also unter dem nächst höheren Brustwirbel. Nun die gleiche Pendelbewegung mit den Knien nach rechts und links ausführen wie vorher (ca. 12-mal).
Achtung: Anfangs verspüren Sie bei dieser Übung ein unangenehmes Druckgefühl in der Brustwirbelsäule, das aber mit der Zeit nachlässt. Bei chronischen Beschwerden sollten Sie die Übung 1-mal täglich, bei bereits abgeklungenen Beschwerden regelmäßig 2-mal täglich ausführen.

Fachleute geben gern Auskunft darüber, wie eine Übung richtig ausgeführt wird. Es ist besser, einmal mehr zu fragen, als seinem Rücken durch falsch ausgeführte Übungen noch weiter zu schaden.

Brustmuskeldehnung im Türrahmen

Eine gute Übung bei Rundrücken, Verspannungsschmerzen im Bereich der Brustwirbelsäule und bei Schulter-Arm-Syndrom. Ideal nach einem langen Arbeitstag am Schreibtisch.

▶ **Ausgangsposition:** Sie stehen mit gegrätschten Beinen in einem Türrahmen. Ein Arm ist seitlich ausgestreckt und angewinkelt (etwa 90 Grad). Der Unterarm liegt senkrecht an der Vorderseite des Türrahmens, die Hand zeigt nach oben.

▶ **Ausführung:** Drehen Sie den anderen Arm gestreckt so weit nach außen, bis die Handinnenfläche nach vorn zeigt. Strecken Sie die Wirbelsäule, drehen Sie Oberkörper und Kopf zum gegenüberliegenden Türrahmen, während der Unterarm weiter senkrecht erhoben bleibt und Kontakt mit der Türrahmen-Vorderseite hält. Die Dehnung etwa 10 Sekunden lang halten, dann den Oberkörper langsam wieder in die Ausgangsposition zurückführen. 3-mal wiederholen, dann die Seite wechseln.

Kopfrecken aus dem Fersensitz

Dehn- und Streckübungen, vor allem des Oberkörpers und der Schultern, sorgen dafür, dass die Wirbelsäule entlastet und gekräftigt wird. Zudem fördern sie die Durchblutung in diesen Körperpartien.

Eine gute Übung bei Rundrücken, Verspannungen der Brustwirbelsäule und bei Schulter-Arm-Syndrom – bei akuter Bandscheibenproblematik darf diese Übung nicht ausgeführt werden!

▸ **Ausgangsposition:** Fersensitz. Sie knien auf dem Boden, der Po ruht auf Ihren Fersen.

▸ **Ausführung:** Die Arme weit nach vorn strecken, das Gesicht ist zum Boden gerichtet. Eine Hand mit dem Daumen nach oben zur Decke anheben, der Blick geht weiterhin zum Boden. Den Kopf in Verlängerung der Wirbelsäule (!) anheben, Spannung etwa 10 Sekunden halten. 5-mal wiederholen, dann die Seite wechseln.

Top-Übung 2

Die folgenden beiden Übungen zur Stabilisation der Wirbelsäule sind verblüffend einfach, aber sehr effektiv.

▸ **Ausgangsposition:** Sie sitzen auf dem vorderen Drittel eines Stuhls, der Rumpf ist leicht nach vorn geneigt. Die Beine sind leicht gegrätscht und ein wenig nach vorn gestellt. Die Fußsohlen haben gleichmäßigen Bodenkontakt. Das Brustbein ist schräg nach oben gerichtet, die Schulterblätter werden nach hinten unten gezogen. Halswirbelsäule mit leichtem »Doppelkinn« aufrichten.

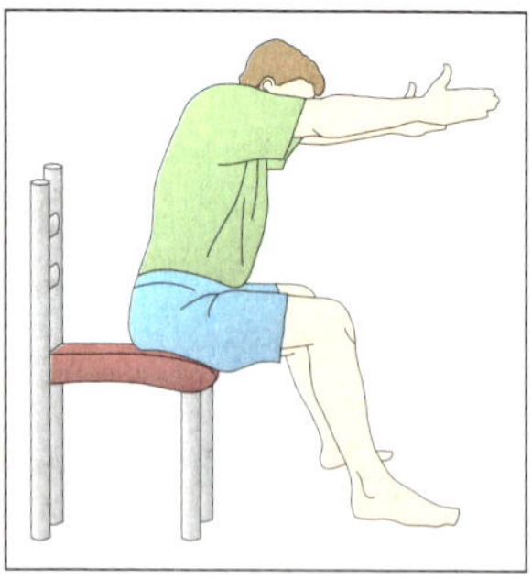

▸ **Ausführung:** Arme in Schulterhöhe nach vorn ausstrecken, Daumen sind aufgerichtet und zeigen nach oben. Jetzt beide Arme

wechselseitig in schnellen Bewegungen nach oben und unten führen. Die Arme bleiben dabei leicht gebeugt.
Achtung: Passen Sie auf, dass Sie die Schultern nicht hochziehen und die Position des Rumpfes beibehalten!

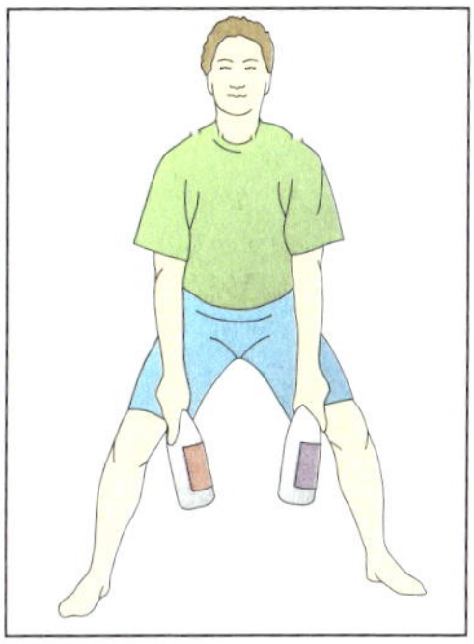

Top-Übung 3

▶ **Ausgangsposition:** Stand, die Beine in den Knien gebeugt und hüftbreit gegrätscht. Der Oberkörper ist mit gestrecktem Rumpf nach vorn geneigt (je weiter, desto mehr wird die Rückenmuskulatur im unteren Bereich mit einbezogen). Die Arme befinden sich vor den Oberschenkeln. In jeder Hand halten Sie 1 Flasche mit Wasser.

▶ **Ausführung:** Die Schulterblätter nach hinten unten zur Wirbelsäule ziehen, die leicht gebeugten Arme nach oben außen führen (maximal auf Schulterhöhe).
Achtung: Passen Sie auf, dass Sie bei dieser Übung die Schultern nicht hochziehen! Beim Anheben der Arme dürfen Sie nicht ins Hohlkreuz gehen!

Lokales Problem – vernetzter Zusammenhang

- Bei Problemen in einer »Etage« der Wirbelsäule ist es sinnvoll, nicht allein auf diesen Bereich beschränkte Übungen durchzuführen. Z. B. ist für die Brustwirbelsäule nicht nur die Schultergürtel- und Rückenstreckmuskulatur wichtig, sondern auch die Bauch-, Gesäß- sowie die Haltungsmuskulatur der Beine.
- Sie können das selbst testen, indem Sie die Gesäß- und die Bauchmuskeln fest anspannen und spüren, wie dadurch eine Streckung bis in die Halswirbelsäule und eine Dehnung des Schultergürtels hervorgerufen wird.

Armheben aus dem Vierfüßlerstand

Eine gute Übung bei Rundrücken (durch Schreibtischarbeit), Verspannungen im BWS-Bereich und bei Schulter-Arm-Syndrom.

Auch bei dieser Übung ist es sehr wichtig, sie konzentriert und langsam auszuführen.

▸ **Ausgangsposition:** Vierfüßlerstand. Sie knien auf dem Boden, schieben den Po vorsichtig nach hinten über die Fersen und lassen dabei die Arme auf dem Boden so weit wie möglich nach vorn rutschen.

▸ **Ausführung:** Aus dieser Tiefkriechstellung heben Sie abwechsend einen Arm an, mal den linken, mal den rechten. Das Brustbein bleibt dabei dicht über dem Boden. Nach einer kurzen Pause heben Sie einen Arm an, schauen in die Handinnenfläche und drehen den Arm langsam hoch, während der Blick auf die Handinnenfläche gerichtet bleibt. Das Brustbein bleibt unten! Wiederholung mit dem anderen Arm.

Achtung: Beachten Sie beim Strecken der Brustwirbelsäule die Schmerzgrenze! Nicht bei akuten Bandscheibenproblemen ausführen!

In dieser auch als Demutshaltung bezeichneten Position sollten Sie möglichst oft verharren – Ihrem Rücken zuliebe.

Übungen für die Lendenwirbelsäule

Ist der Rücken der Schwachpunkt des menschlichen Körpers, so trifft dies insbesondere auf die Lendenwirbelsäule (LWS) zu. Weil sie den meisten Ärger verursacht, liegt das Schwergewicht der Übungen in diesem Buch auf dem unteren Wirbelsäulenbereich.

Wenn nicht anders angegeben, helfen die Übungen insbesondere bei Belastungsrückenschmerzen, LWS-Syndrom, Ischialgien, ausgeheilten Bandscheibenvorfällen und Muskelverspannungen. Liegt eine Fehlhaltung mit Hohlkreuz (Einbuchtung im Bereich der Lendenwirbel) vor, helfen die Übungen bei der Haltungskorrektur. Vergessen Sie nie, mindestens eine Übung zur Kräftigung der Bauchmuskulatur in Ihr Gymnastikprogramm einzubauen (siehe z. B. Seite 50 und 53). Schlaffe Bauchmuskeln erhöhen das Risiko von Rückenbeschwerden um ein Vielfaches.

Aufrichten aus dem Fersensitz

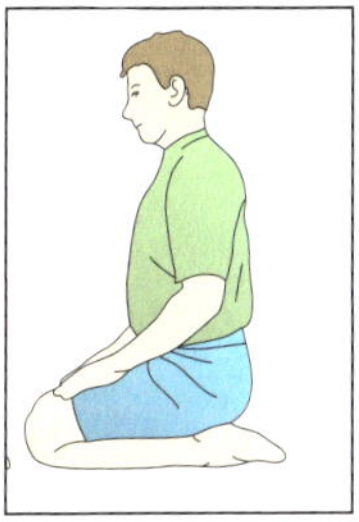

- **Ausgangsposition:** Fersensitz. Sie gehen zunächst in den Kniestand und setzen sich langsam zurück auf die Fersen.
- **Ausführung:** Die Fußrücken drücken fest auf den Boden, die Hände liegen auf den Oberschenkeln (Finger zeigen nach innen aufeinander zu) und stemmen nach unten. Gleichzeitig richten Sie sich mit geradem Rücken in den Kniestand auf. 10 Sekunden in dieser Haltung bleiben, dann langsam wieder in den Fersensitz zurückgehen. 5 Wiederholungen.

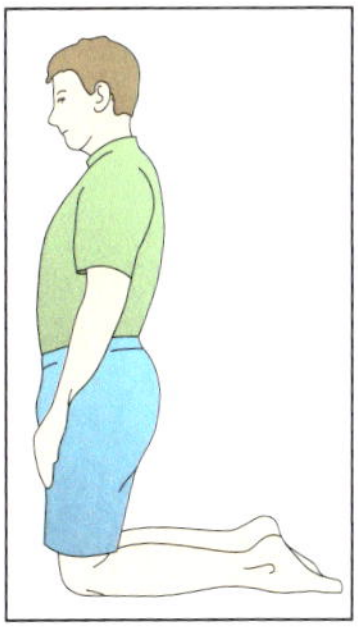

Achtung: Passen Sie auf, dass Ihr Rücken immer gerade bleibt (kein Hohlkreuz, kein Rundrücken)! Wenn Sie Probleme mit den Knien oder Fußgelenken haben, verzichten Sie besser auf diese Übung!

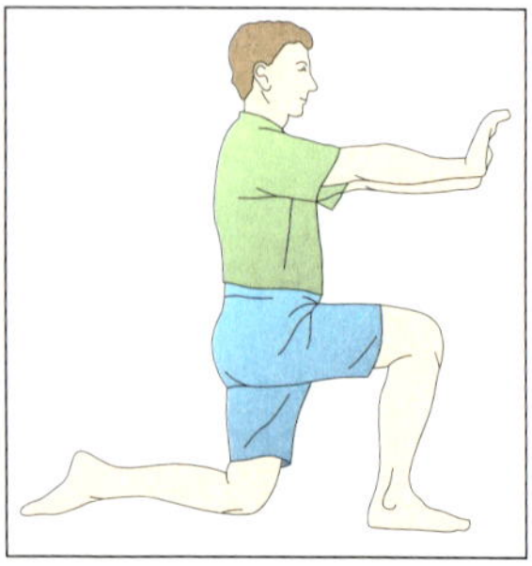

Aufrichten aus dem Ein-Bein-Kniestand

▸ **Ausgangsposition:** Ein-Bein-Kniestand. Dazu knien Sie sich zunächst auf den Boden. Dann stellen Sie ein Bein nach vorn auf dem Boden auf. Ober- und Unterschenkel bilden ungefähr einen 90-Grad-Winkel.

▸ **Ausführung:** Arme in Schulterhöhe nach vorn strecken, Hände öffnen, Finger zeigen nach innen. Stemmen Sie die Hände nach vorn, und bringen Sie Ihr Körpergewicht über das aufgestellte Bein. Drücken Sie sich mit dem Fußrücken des knieenden Beins vom Boden ab. 7-mal wiederholen. Nach einer kurzen Pause drücken Sie sich aus dem Ein-Bein-Kniestand hoch in den Stand. 3-mal wiederholen, dann das Bein wechseln.

Achtung: Passen Sie auf, dass das Becken nicht nach vorn kippt! Wenn Sie eine untrainierte Bauchmuskulatur haben, laufen Sie Gefahr, ins Hohlkreuz zu gehen.

Kräftigung der Gesäßmuskulatur

Eine sehr gute Übung, um die Gesäßmuskeln und den unteren Abschnitt der Lendenwirbelsäule zu kräftigen.

▸ **Ausgangsposition:** Rückenlage. Beide Beine werden – eines nach dem anderen – angezogen und geschlossen aufgestellt.

▸ **Ausführung:** Rücken durch Bauchspannung flach auf den Boden drücken. Po nur etwas anheben, bis er mit der Wirbelsäule eine Gerade bildet. Nun im Wechsel die Füße langsam ein kurzes Stück vom Boden abheben. 3 Serien, wobei jedes Bein

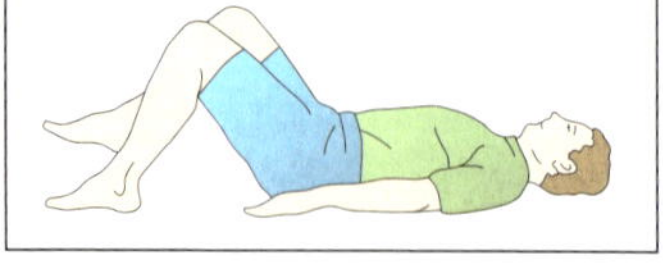

5-mal angehoben wird. Zwischen jeder Serie eine kurze Pause einlegen.
Achtung: Passen Sie auf, dass das Becken nicht seitlich absinkt!

Kräftigung der unteren Lendenwirbelsäule

▸ **Ausgangsposition:** Legen Sie sich bis zur Hüfte bäuchlings auf einen stabilen Tisch, und ziehen Sie die Unterschenkel hoch. Hüft- und Kniegelenke bilden einen Winkel von jeweils 90 Grad. Die Unterschenkel werden übereinander geschlagen.

▸ **Ausführung:** Mit den Händen vorn an der Tischplatte festklammern. Jetzt Gesäß/Steißbein minimal nach oben anheben. Die Bewegung darf für einen Außenstehenden nur im tiefen Lendenwirbelbereich sichtbar sein.
Achtung: Passen Sie auf, dass Ihr Oberkörper immer flach auf dem Tisch ruht!

Fragen Sie sich bei jeder Bewegung, wie sie sich anfühlt. Das trainiert die Körperwahrnehmung. Sie ist eine wichtige Voraussetzung für die effektive Selbsthilfe.

Stabilisation des Schultergürtels

Eine sehr gute Kräftigungsübung bei akuter Bandscheibenproblematik und generell für alle Rückenschmerzpatienten.

▸ **Ausgangsposition:** Aufrechter Stand. Die Beine sind etwas mehr als hüftbreit gegrätscht, Knie- und Hüftgelenke leicht gebeugt. Der Oberkörper bleibt aufrecht. Das Becken wird durch Anspannen der Bauchmuskulatur aufgerichtet (stellen Sie sich vor, Sie würden den Bauchnabel zur Wirbelsäule ziehen).

▸ **Ausführung:** Arme auf Schulterhöhe ausbreiten, Ellenbogen leicht beugen, Finger der geöffneten Hand zeigen nach vorn, Handinnenflächen nach außen.

Ist die Rumpfmuskulatur insbesondere im Bereich des Bauchs nur schwach ausgebildet, kommt es beim Stehen zur Bildung eines Hohlkreuzes. Beeinflusst werden dadurch auch Brust- und Halswirbelsäule.

Handrücken in Richtung Unterarme anziehen, gleichzeitig Hände kräftig gegen einen gedachten Widerstand nach außen drücken (stellen Sie sich vor, Sie müssten einen Türrahmen auseinander drücken). Spannung etwa 10 Sekunden halten, dabei weiteratmen.

Achtung: Die Ellenbogen dürfen bei dieser Übung nicht gestreckt werden. Während der Anspannung bleibt die Bauchmuskulatur gespannt und das Becken aufgerichtet.

Bauchmuskeltraining in der Rückenlage

Eine ideale Übung zur Kräftigung der Bauchmuskulatur.

▸ **Ausgangsposition:** Rückenlage. Rechtes Bein ist gestreckt, linkes Bein ist an den Körper gezogen (maximale Beugung von Knie und Hüfte). Der linke Arm liegt parallel neben dem Körper, die Hand zeigt nach oben, der Daumen nach außen. Die rechte Hand wird auf das linke Knie gelegt.

▸ **Ausführung:** Die Spannung wie folgt aufbauen: Beide Füße hochziehen, Pobacken fest zusammenkneifen. Kopf hochheben, Kinn zur Brust nehmen. Linken Arm und rechtes Bein nach unten gegen die Unterlage drücken. Rechte Hand kräftig gegen das linke Knie drücken (Knie hält kräftig dagegen). 10 Sekunden die Spannung halten, 4 Sekunden entspannen. Nach 10 Wiederholungen Seitenwechsel.

Achtung: Nicht bei akuten Bandscheibenproblemen ausführen!

Top-Übung 1

Mit dieser Brückenübung schlagen Sie zwei Fliegen mit einer Klappe:

1. Kräftigung der Beckenmuskulatur (besonders wichtig für Frauen mit Blasenschwäche).

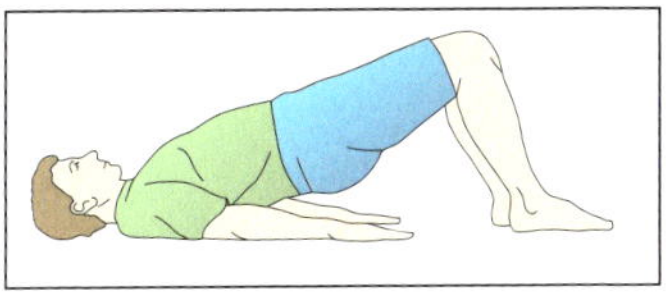

2. Die Rundumspannung der Rumpfmuskulatur sorgt für einen guten stabilisierenden Effekt.

▶ **Ausgangsposition:** Rückenlage. Die Beine aufstellen, die Arme neben den Körper legen.

▶ **Ausführung:** Bauch und Po anspannen. Dann das Becken möglichst bis zur Waagerechten anheben.

▶ **Variation I:** Becken in der Waagerechten halten und abwechselnd ein Bein anheben und das Knie strecken. Aufpassen, dass Sie das Becken immer waagerecht und den Rücken gerade halten.

▶ **Variation II:** In der Rückenlage ein Bein an den Bauch ziehen und mit den Händen umfassen. Mit dem anderen (aufgestellten) Bein das Becken hochdrücken. Danach die Seite wechseln.

Mauer wegstemmen in der Rückenlage

Eine tolle Übung zur Kräftigung der schrägen Bauchmuskeln, die oft vernachlässigt werden.

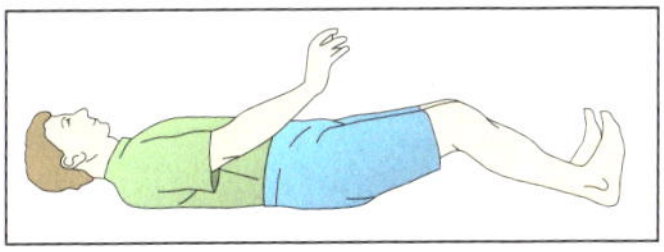

▶ **Ausgangsposition:** Rückenlage, Knie und Hüften leicht anbeugen, Fersen auf der Unterlage lassen. Zehen und Füße hochziehen Richtung Nase. Leicht angewinkelte Arme etwas vom Boden abheben, Ellenbogen leicht nach außen drehen. Hände öffnen, Finger etwas anbeugen (Nestchenform, als würde man einen Schneeball in der Hand halten). Die geöffneten Hände stemmen gegen eine gedachte Mauer oberhalb des linken oder rechten Hüftgelenks. Dabei bleiben die Ellenbogen leicht gebeugt!

▶ **Ausführung:** Spannung wie folgt aufbauen: Zehen und Füße hochziehen Richtung Nase, Po anspannen. Kopf von der Unterlage abheben, wobei das Kinn leicht nach unten Richtung Brustbein gezogen wird. 10 Sekunden die Spannung halten, 4 Sekunden entspannen. 10 Wiederholungen.

Achtung: Wichtig ist, dass Sie die Wirbelsäule ganz auf der Unterlage liegen lassen und bei der Übung nicht zur Seite wegdrehen.

Kräftigung der Rückenmuskulatur 1

Auch bei den beiden folgenden Übungen werden – durch das diagonale Anheben von Arm und Bein – sowohl die schwache Rücken- als auch die Beckenmuskulatur gestärkt.

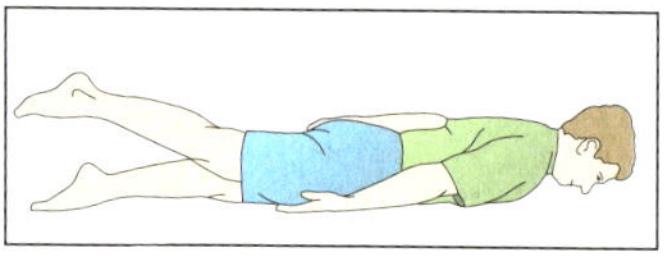

▸ **Ausgangsposition:** Bauchlage auf dem Boden, die Arme liegen neben dem Körper. Arme und Beine sind gestreckt, die Hände sind geöffnet.

▸ **Ausführung:** Heben und senken Sie den linken Arm und das rechte Bein gleichzeitig; nach 4 Durchgängen den rechten Arm und das linke Bein.

Achtung: Der Blick ist auf den Boden gerichtet, der Kopf bleibt in der Verlängerung der Wirbelsäule.

Kräftigung der Rückenmuskulatur 2

▸ **Ausgangsposition:** Sie liegen mit dem Bauch auf dem Boden, die Arme sind seitlich nach vorn ausgestreckt. Der Blick geht auf den Boden.

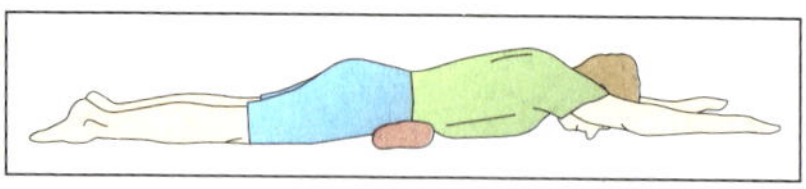

▸ **Ausführung:** Heben Sie den linken Arm und das rechte Bein nur unmerklich vom Boden ab. Gleichzeitig drücken Sie den rechten Arm und das linke Bein gegen die Unterlage. Der Kopf wird ebenfalls nur leicht angehoben. Spannung etwa 10 Sekunden halten, ruhig weiteratmen. Dann die Seiten wechseln.

Achtung: Der Blick ist auf den Boden gerichtet, der Kopf bleibt in der Verlängerung der Wirbelsäule. Legen Sie ein flaches Kissen unter den Bauch, um ein Hohlkreuz zu vermeiden.

Kräftigung der Bauchmuskulatur

Die Bedeutung der Bauchmuskulatur wird oft unterschätzt. Gerade diese Muskeln sorgen für einen guten Spannungszustand im vorderen Rumpfbereich und verringern den Druck auf die Wirbelsäule.

- **Ausgangsposition:** Rückenlage auf dem Boden.
- **Ausführung:** Winkeln Sie die Beine leicht an, und drücken Sie die Fersen auf den Boden. Verschränken Sie die Hände im Nacken. Heben und senken Sie nun langsam Kopf und Schultern, ohne dass Sie zwischendurch mit Kopf und Schultern den Boden berühren.

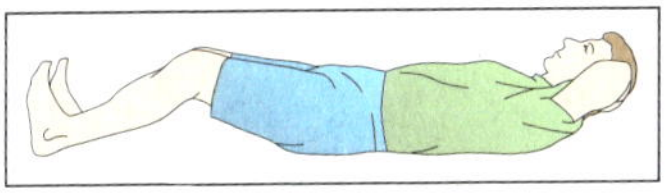

Achtung: Der Blick ist während der gesamten Übung gegen die Zimmerdecke gerichtet.

Top-Übung 2

Dieses Bauchmuskeltraining ist eine hervorragende präventivmaßnahme für die Lendenwirbelsäule.

- **Ausgangsposition:** Stufenlagerung. Die Unterschenkel liegen bequem auf einem Stuhl oder Hocker. Hüften und Knie sind rechtwinkelig gebeugt. Zur Stabilisierung der Halswirbelsäule wird das Kinn Richtung Brust gezogen. Die Schulterblätter werden leicht nach unten gezogen.
- **Ausführung:** Kopf und Schulterblätter vom Boden abheben. Nach 15 bis 20 Wiederholungen legen Sie eine 2-Minuten-Pause ein, in der Sie ruhig in den Bauch atmen. Insgesamt 3 Serien.

Achtung: Nicht bei akuten Rückenschmerzen ausführen!

Achten Sie bei der Bauchmuskelübung darauf, dass der Nacken gerade bleibt und das Kinn schräg nach oben zur Decke zeigt.

Übungen für die Iliosakralgelenke

Beschwerden im unteren Bereich der Lendenwirbelsäule gehen häufig auf eine Reizung oder Blockierung der Iliosakralgelenke (Verbindung zwischen Kreuzbein und Becken) zurück. Meist treten die Schmerzen im Sitzen und Liegen, seltener auch im Stehen auf.

Dehnung der unteren Rückenmuskulatur

▸ **Ausgangsposition:** Entspannte Rückenlage, Beine liegen nebeneinander.

▸ **Ausführung:** Sie umfassen die Oberschenkel und ziehen die Knie bis zur Brust. Rücken, Schultern und Kopf bleiben dabei fest auf dem Boden. Spannung etwa 10 Sekunden halten, ruhig weiteratmen, dann langsam lösen und die Beine wieder ablegen.

Rumpfspannung im Türrahmen

▸ **Ausgangsposition:** Sie stehen in leichter Schrittstellung in einem Türrahmen, der Blick ist auf die Seite des Rahmens mit dem Schloss gerichtet. Der vordere Fuß steht etwa 40 Zentimeter vom Türrahmen entfernt.

▸ **Ausführung:** Greifen Sie mit beiden Händen in Kopfhöhe an den Rahmen, und drücken Sie kräftig dagegen. Gleichzeitig ziehen Sie die Arme leicht nach unten, bis Sie eine Muskelspannung im Rumpf spüren. Heben Sie das vordere Bein an und führen es am Türrahmen vorbei. Mit dem anderen Bein gehen Sie in den Zehenstand. Der Rücken bleibt gerade! Diese Position etwa 10 Sekunden halten. 6 Wiederholungen, danach Seitenwechsel.

Kräftigung der gesamten Körpermuskulatur

Diese Übungen sind eine Wohltat für die Iliosakralgelenke und für den ganzen Rücken.

- **Ausgangsposition:** Unterarmstütz. Sie knien und stützen sich mit angewinkelten Unterarmen am Boden ab. Die Knie stehen dabei etwa 10 Zentimeter hinter den Hüftgelenken.

- **Ausführung:** Spannen Sie die Rumpfmuskulatur an, und heben Sie beide Knie ganz wenig vom Boden ab. Der Rücken bleibt dabei gerade. Der Blick ist nach unten gerichtet, Kopf bleibt in der Verlängerung der Wirbelsäule. Die Spannung etwa 10 Sekunden halten. 6 Wiederholungen.

Sie können den Schwierigkeitsgrad erhöhen, indem Sie abwechselnd einen Fuß und den gegenüberliegenden Arm leicht anheben. Oder vergrößern Sie den Abstand zwischen Unterarmen und Knien.

Ganzkörperkräftigung

- **Ausgangsposition:** Vierfüßlerstand. Knie und Hände stützen sich am Boden ab, die Beine sind hüftbreit geöffnet, die Ellenbogen leicht gebeugt.

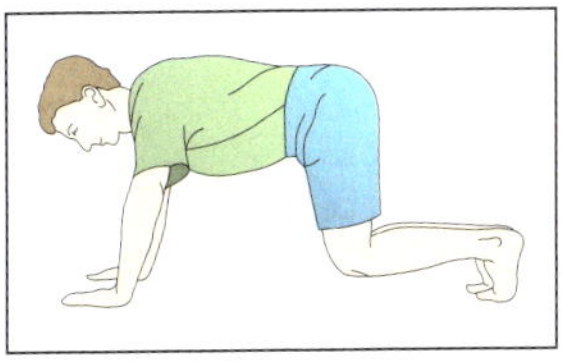

- **Ausführung:** Heben Sie die Knie 10 Zentimeter vom Boden ab, so dass Sie auf den Fußspitzen stehen. Während Ihr Oberkörper konstant in einer Höhe bleibt, bewegen Sie die Hände nach vorn, nach hinten, nach innen und nach außen. Danach heben Sie eine Hand und den diagonal gegenüberliegenden Fuß und halten die Spannung etwa 6 Sekunden.

Dehnungsübungen

Ein trainierter und gedehnter Muskel ist bestens auf die Bewegung, die von ihm verlangt wird, vorbereitet. Er ist elastisch und damit weniger anfällig für Verletzungen.

Ein wichtiger Bestandteil der Rückenschule ist das Erlernen von Dehnungsübungen. Stretching, wie es im Englischen heißt, macht Sehnen und Muskeln elastischer, kann Fehlstellungen der Wirbelsäule korrigieren und Rückenschmerzen lindern. Bei den folgenden Übungen werden die wichtigsten Muskelgruppen erfasst, die ausreichend gedehnt sein müssen, um für eine aufrechte Körperhaltung zu sorgen. Zu empfehlen sind diese Übungen allen Lesern, die nicht an akuten Bandscheibenproblemen leiden.

Grundregeln für die Dehnungsübungen

- Der Oberkörper ist stets aufgerichtet.
- Es darf nie ruckartig oder wippend gedehnt werden.
- Das Dehnen erfolgt immer erst nach einer Aufwärmphase.
- Es darf beim Dehnen nur ein leichtes Ziehen in den entsprechenden Muskelgruppen, aber kein Schmerz auftreten.
- Die Anspannungsphase dauert etwa 8 Sekunden, in der Entspannungsphase wird mindestens 20 bis 30 Sekunden gedehnt.
- Die einzelnen Dehnungsübungen sollten 5- bis 6-mal wiederholt werden.
- Denken Sie immer an eine korrekte aufrechte Körperhaltung. Wenn Sie das beachten, entstehen kaum Verkürzungen, und es reicht aus, wenn Sie Ihre Dehnungsübungen 2- bis 3-mal wöchentlich durchführen.
- Ebenso wichtig wie das Dehnen der Muskulatur sind Kräftigungsübungen, wie sie auf den vorhergehenden Seiten beschrieben wurden.

Dehnen der Wadenmuskulatur

Stellen Sie sich aufrecht vor eine Wand oder Tür, und machen Sie mit Ihrem rechten oder linken Fuß einen weiten Schritt nach hinten. Beide Arme sind an der Wand oder Tür nach oben ausgestreckt. Das vordere Bein wird in eine Kniebeugestellung gebracht – die Fußspitze zeigt nach außen –, während das hintere Bein gestreckt bleibt und die Fußspitze geradeaus zeigt. Dann geben Sie mit beiden Füßen einen festen Druck auf den Boden und halten diesen etwa 8 Sekunden. Entspannen Sie, und drücken Sie dann beide Fersen fest zum Boden. Nun müssen Sie ein Dehnungsgefühl in der Wadenmuskulatur empfinden. Diese Dehnung 20 bis 30 Sekunden halten. Die Übung 5- bis 6-mal wiederholen, dann das Bein wechseln.

▸ **Achtung:** Bei der Übung dürfen Sie nie Kreuz oder Becken nach vorn drücken oder den Kopf nach hinten knicken! Der Blick ist immer zur Fußspitze des vorderen Fußes gerichtet.

Dehnen der Leistenmuskulatur im Stehen

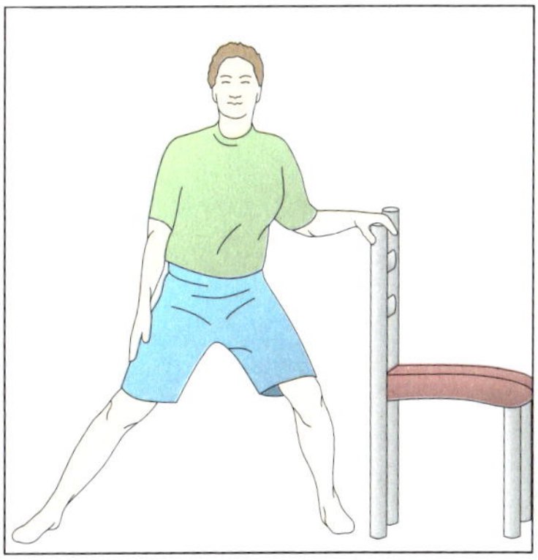

Machen Sie im Stehen einen weiten Ausfallschritt nach rechts. Das linke Bein wird im Kniegelenk gebeugt. Die linke Hand stützen Sie an einem Stuhl oder dergleichen ab und verlagern das Körpergewicht zum gebeugten linken Bein, ohne dabei den Oberkörper zur Seite zu neigen. Nun geben Sie mit dem Fuß des gestreckten rechten

Dehnungsübungen machen beweglicher: Auf kontrollierte Art und Weise bewegen Sie Ihre Gelenke durch, deren Elastizität erhalten und deren Stoffwechsel gefördert wird.

Beins Druck auf den Boden und halten diesen etwa 8 Sekunden. In der Entspannungsphase wird das Körpergewicht weiter zur linken Seite verlagert und die Kniebeugung verstärkt. Nun müssen Sie ein leichtes Dehnungsgefühl in der rechten Leistenmuskulatur empfinden. Diese Dehnung 20 bis 30 Sekunden halten. Die Übung 5- bis 6-mal wiederholen und anschließend das Bein wechseln.

Achtung: Den Oberkörper immer gerade halten und das Gewicht zur Seite des gebeugten Beins verlagern! Es darf kein Druckschmerz im Hüft- oder Kniegelenk des gedehnten Beins entstehen!

Dehnen der rückwärtigen Beinmuskulatur

Benutzen Sie für diese Übung einen Stuhl oder Hocker. Die Ferse des linken Fußes setzen Sie auf die Sitzfläche,

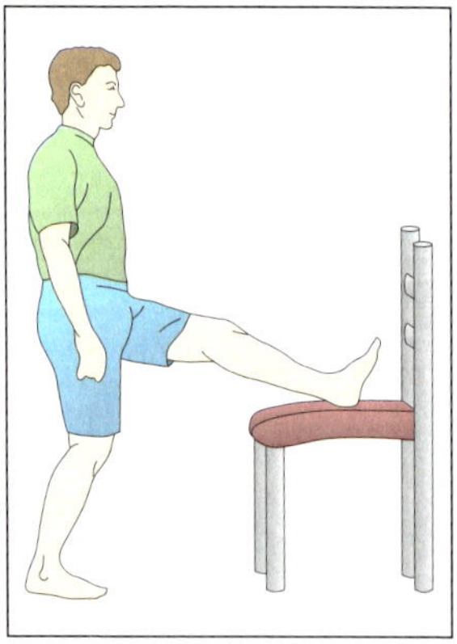

das Kniegelenk des linken Beins ist leicht gebeugt. Ihre aufrechte Haltung unterstützen Sie, indem Sie mit einer Hand das Kreuz abstützen und mit der anderen das Brustbein. Nun geben Sie mit der Ferse Druck auf die Sitzfläche und halten diesen etwa 8 Sekunden. In der Entspannungsphase ziehen Sie die Zehenspitzen des linken Fußes Richtung Nase und strecken das Kniegelenk. Nun sollten Sie ein Dehnungsgefühl in der Rückseite des Oberschenkels bis in das Kniegelenk und die Wadenmuskulatur hinein spüren. Diese Dehnung 20 bis 30 Sekunden halten. Die Übung 5- bis 6-mal wiederholen und anschließend zum rechten Bein wechseln.

Achtung: Stets die aufrechte Körperhaltung beibehalten! Dies kontrollieren Sie über die Hand im Kreuz und am Brustbein.

Dehnen der Nackenstreckmuskulatur

Auf einem Stuhl oder Hocker aufrecht sitzen. Neigen Sie den Kopf zur linken Seite, drehen Sie ihn nach rechts, und schauen Sie gleichzeitig zur rechten Fußspitze. Das Kinn zeigt in Richtung Brustbein. Der rechte Arm ist gestreckt, die rechte Hand fasst unter die Sitzfläche und hält sich dort fest. Die linke Hand greift über den Kopf zum rechten Ohr und hält den Kopf in der Position. Nun versuchen Sie gegen den Widerstand der linken Hand den Kopf zur rechten Schulter zu neigen. Diese Spannung etwa 8 Sekunden halten. In der Entspannungsphase neigen Sie den Kopf zur linken Schulter und ziehen das Kinn weiter in Richtung Brustbein. Diese Dehnung 20 bis 30 Sekunden halten. 5- bis 6-mal wiederholen und dann wechseln.

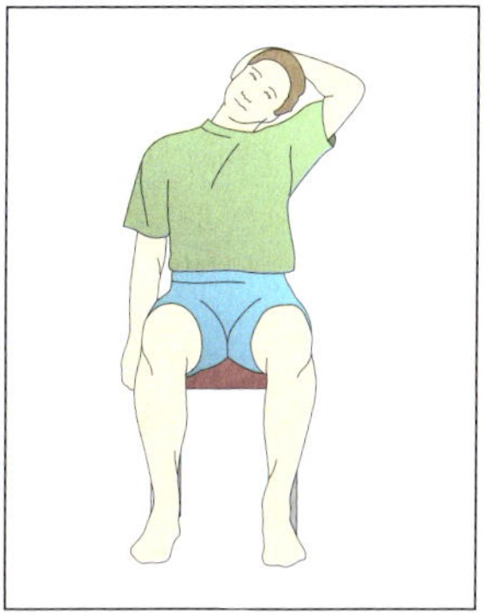

Achtung: Mit dem Arm keinen Druck auf den Kopf und damit auf die Halswirbelsäule auslösen!

Dehnen der Leistenmuskulatur im Sitzen

Sie sitzen in aufrechter Haltung auf einem Stuhl oder Hocker und spreizen die Beine so weit wie möglich auseinander. Die Fußspitzen zeigen dabei nach außen.

Die Arme werden gestreckt und so gedreht, dass die Handrücken an den Innenseiten der Kniegelenke anliegen. Nun geben Sie mit den Knien Druck gegen Ihre Handrücken. Die Arme lassen keine Bewegung zu. Diese Spannung etwa 8 Sekunden halten. In der Entspannungsphase geben Sie mit Ihren Handrücken

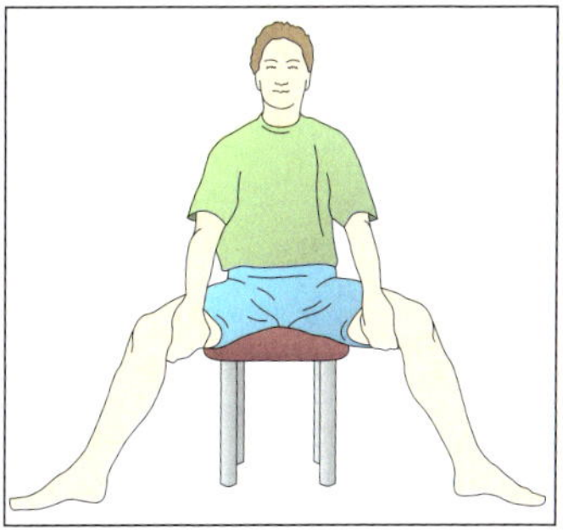

Druck gegen die Knie und schieben dabei die Oberschenkel weiter nach außen. Gleichzeitig neigen Sie sich mit gestrecktem Oberkörper leicht nach vorn. Diese Dehnung 20 bis 30 Sekunden halten. Die Übung 5- bis 6-mal wiederholen.

Achten Sie bei allen Übungen darauf, dass nie die Schmerzgrenze überschritten wird. Sie sollen Ihren Körper dehnen und strecken, aber nicht überlasten.

Achtung: Sorgen Sie bei der Übung stets dafür, dass beim Vorneigen des Oberkörpers die Wirbelsäule gestreckt bleibt. Ziehen Sie das Kinn in Richtung Brustbein, und schauen Sie nach vorn auf den Boden. So wird Ihre Halswirbelsäule nicht nach hinten geknickt.

Dehnen der Brustmuskulatur

Bei dieser Übung werden auch die Innenrotatoren des Schultergelenks gedehnt. Als Hilfsmittel benötigen Sie zwei Hocker oder Stühle, die so auseinander stehen, dass Sie im Kniestand beide Unterarme auf die Sitzflächen auflegen können. Die Ober- und Unterschenkel stehen in einem 90-Grad-Winkel zueinander. Das Kinn wird Richtung Brustbein gezogen, der Blick auf den Boden gerichtet. Nun drücken Sie beide Unterarme auf die Sitzflächen. Diese Spannung etwa 8 Sekunden halten. In der Entspannungsphase schieben Sie Ihren Brustkasten langsam bei gestreckter Wirbelsäule in Richtung Boden. Diese Dehnung 20 bis 30 Sekunden halten. Die Übung 5- bis 6-mal wiederholen.

▸ Achten Sie stets darauf, dass die Knie auseinander stehen und dass Sie bei der Bewegung in der Entspannungsphase nie ins Hohlkreuz fallen!

Dehnen der Kniestreck- und Hüftbeugemuskeln

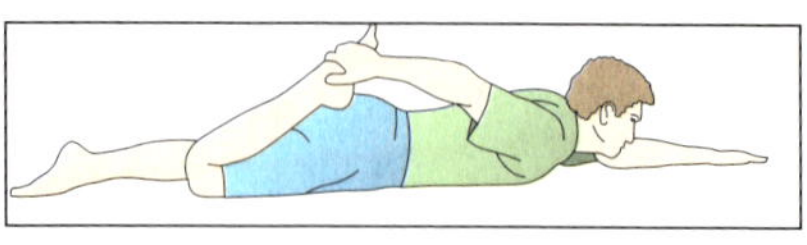

Sie liegen in der Bauchlage mit abgespreizten Beinen, die Arme sind nach vorn ausgestreckt. Die Wirbelsäule ist gestreckt, der Blick

zum Boden gerichtet. Nun heben Sie nur das rechte Bein gestreckt vom Boden ab, das Becken bleibt dabei fest am Boden. Jetzt beugen Sie das Kniegelenk so weit Sie können an, nehmen den rechten Arm nach hinten und greifen den Fuß des angewinkelten Beins. Ziehen Sie den Fuß in Richtung Gesäß. Dann versuchen Sie den Unterschenkel zu strecken und den Oberschenkel wieder auf den Boden zurückzuführen.
Die Hand hält den Fuß fest und verhindert diese Bewegung. Diese Spannung etwa 8 Sekunden halten. In der Entspannungsphase heben Sie den Oberschenkel vom Boden ab und ziehen den Fuß noch weiter in Richtung Po. Diese Dehnung 20 bis 30 Sekunden halten. Die Übung 5- bis 6-mal wiederholen, dann das Bein wechseln.
Achtung: Passen Sie auf, dass Ihr Becken fest am Boden bleibt und Sie sich nicht in ein Hohlkreuz bewegen!

Bewegungsabläufe im Körper folgen fünf motorischen Eigenschaften: Ausdauer, Beweglichkeit, Koordination, Kraft und Schnelligkeit.

Dehnen der Brust- und Bauchmuskulatur

- **Ausgangsposition:** Leichte Grätschstellung im Stehen mit Blick zu einer Wand oder Tür. Die Fußspitzen zeigen nach außen, die Arme werden schräg nach oben ausgestreckt.
- **Ausführung:** Drücken Sie beide Hände fest gegen Wand oder Tür, und halten Sie diesen Druck etwa 8 Sekunden. Danach krabbeln Sie mit beiden Händen schräg nach außen oben, bis Sie eine Dehnung in der Brustmuskulatur bis hin zum Bauch spüren. Diese Dehnung 20 bis 30 Sekunden halten. Die Übung 5- bis 6-mal wiederholen.

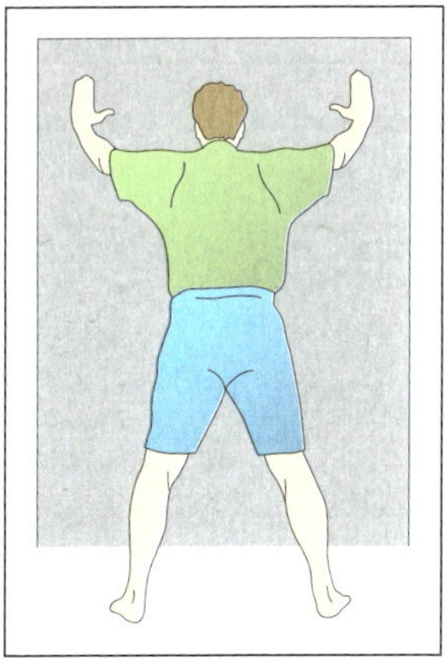

Achtung: Bei der Übung müssen beide Fersen fest am Boden bleiben. Die Zugrichtung der Arme geht nach oben. Nie Kreuz und Becken nach vorn drücken!

Übungen für den ganzen Rücken

Wenn sich langes Sitzen oder Stehen überhaupt nicht vermeiden lässt, helfen häufige Positionswechsel, die Belastungen für die Wirbelsäule in Grenzen zu halten.

Haben Sie mitunter Schmerzen im gesamten Rücken, ohne dass Ihr Arzt die genaue Ursache findet? Ist Ihre Muskulatur öfter verspannt und reagiert schmerzhaft auf Druck? Oder wollen Sie vorbeugend etwas gegen Rückenbeschwerden tun? Dann sollten Sie sich einige der folgenden Übungen aussuchen, die dem Rücken insgesamt gut tun – vor allem, wenn Sie sie regelmäßig ausführen.

Top-Übung 1

Wer lange Zeit am Schreibtisch sitzend oder im Stehen verbracht hat, kann sich mit dieser Übung problemlos in einer kleinen Pause Erleichterung oder Schmerzlinderung verschaffen.

▸ **Ausgangsposition:** Stellen Sie sich in etwa 5 Zentimeter Entfernung mit dem Rücken an eine Wand. Die Beine sind leicht gespreizt und etwas gebeugt, die Zehen leicht nach außen gestellt.

▸ **Ausführung:** Den Po und die gesamte Wirbelsäule so weit wie möglich gegen die Wand pressen, Hinterkopf ebenfalls an die Wand drücken (wenn das nicht möglich ist, ein festes Kissen zwischen Wand und Hinterkopf stecken!). Das Kinn wird nur unmerklich Richtung Brust gezogen. Die Nase ist gerade nach vorn gerichtet. Beide Arme werden jetzt nach außen gedreht, die Hände geöffnet (die Daumen zeigen nach außen). Nun Spannung wie folgt aufbauen: Pobacken fest anspannen und den Rücken großflächig gegen die Wand drücken. Danach Kopf, Arme und Hände mit viel Kraft ca. 10 Sekunden in unveränderter Ausgangsstellung gegen die Wand pressen. Etwa 4 Sekunden entspannen, danach mehrmals wiederholen.

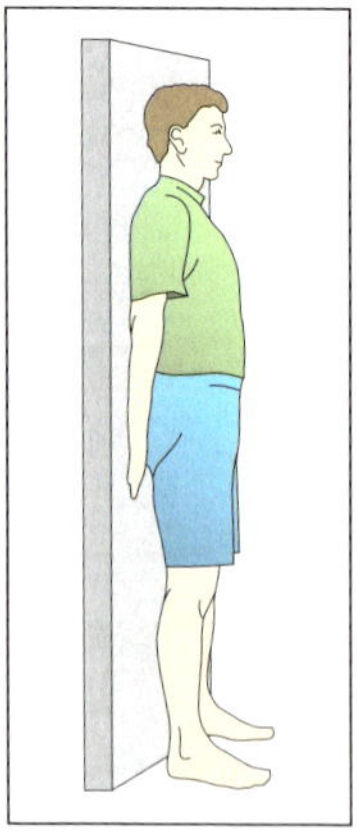

Brustschwimmen auf dem Trockenen

Eine der besten Übungen bei Instabilität und Muskelschwäche des gesamten Rückens.

▶ **Ausgangsposition:** Bauchlage. Bei starker Hohlkreuzneigung legen Sie einfach ein flaches Kissen unter den Bauch.

▶ **Ausführung:** Beide Fersen nach außen drehen, Po anspannen, Kopf in der Verlängerung der Wirbelsäule halten. Das Kinn zeigt zur Brust, die Nase nach unten. Die Arme werden in Brustschwimmbewegungen nach vorn gestreckt und wieder an den Oberkörper herangezogen. Die Ellenbogen werden dabei so weit wie möglich gebeugt, die Handinnenflächen der geöffneten Hände zeigen nach unten, die Schulterblätter werden gleichmäßig an die Wirbelsäule gezogen. »Schwimmen« Sie so lange, bis Ihnen die Puste ausgeht.

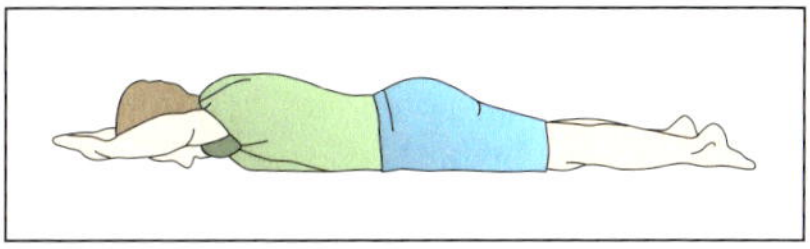

Achtung: Diese Übung dürfen Sie bei akuter Bandscheibenproblematik nicht ausführen! Bei Blockierungen sollten Sie auf keinen Fall über die Schmerzgrenze gehen!

Rücken- und Rumpfmuskulatur haben nicht nur die Aufgabe, die Wirbelsäule zu stabilisieren, sie dienen gleichzeitig auch zum Schutz der Eingeweide.

Top-Übung 2

Diese Übung kräftigt die gesamte Rückenmuskulatur und sollte insbesondere dann, wenn Sie schon mal einen Bandscheibenvorfall hatten, unbedingt zu Ihrem Standardprogramm gehören.

▶ **Ausgangsposition:** Bauchlage. Die Arme liegen U-förmig neben dem Kopf, die Stirn liegt auf dem Boden. Legen Sie sich ein festes Kissen oder eine zusammengerollte Decke unter den Bauch, um eine Hohlkreuzstellung zu vermeiden.

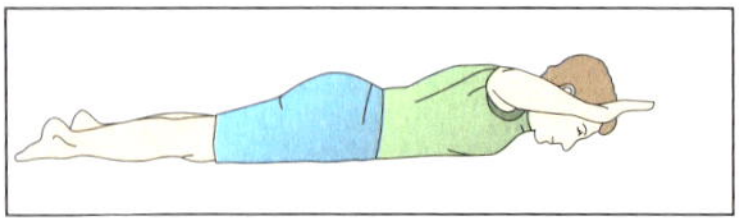

▶ **Ausführung:** Grundspannung aufbauen, d. h. Gesäß und Bauchmuskulatur anspannen, Fersen nach hinten schieben, den Kopf etwas anheben und nach vorn strecken. Beide Arme anheben und die Schulterblätter Richtung Wirbelsäule zusammenschieben. Die Anspannung etwa 5 bis 10 Sekunden halten. Die Übung 2- bis 3-mal wiederholen.

Achtung: Nie gegen den Schmerz üben, wobei ein leichter Muskelkater unbedenklich ist.

Katzenbuckel im Vierfüßlerstand

Eine Top-Übung nach langen Autofahrten, wenn man fast steif nach Haus kommt. Äußerst wirkungsvoll, um den gesamten Rücken zu mobilisieren und zu stabilisieren.

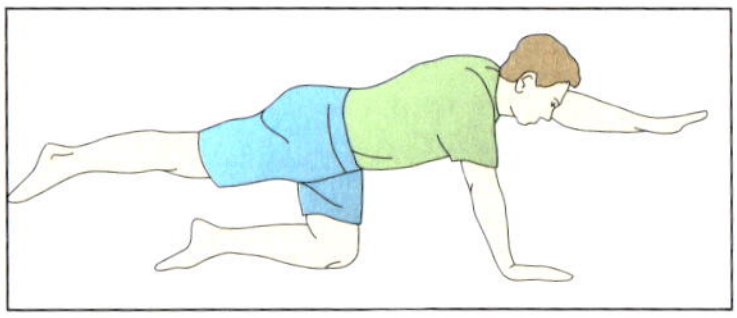

▶ **Ausgangsposition:** Vierfüßlerstand. Rechten Arm und linkes Bein gestreckt in gleiche Höhe mit dem gestreckten Rücken bringen. Rechten Daumen nach oben zur Decke drehen. Linke Ferse maximal nach außen drehen, Kopf in Verlängerung der Wirbelsäule rausschieben, Kinn leicht nach unten Richtung Brust bewegen. Die Nase zeigt gerade nach unten.

▶ **Ausführung:** Rechten Ellenbogen und linkes Knie vor dem Bauchnabel zusammenführen, bis sie sich berühren. Dabei geht der Rücken inklusive Halswirbelsäule zum Katzenbuckel über. Danach zurückführen und 15-mal wiederholen, ohne abzusetzen! Das Gleiche auf der anderen Seite.

Achtung: Bei akuten Bandscheibenproblemen oder Sehnenscheidenentzündung (Tennisarm) sollten Sie diese Übung auslassen.

Dehnung der Rumpfmuskulatur

▸ **Ausgangsposition:** Seitenlage auf dem Boden, Beine liegen zusammen, Knie- und Hüftgelenke sind angebeugt, der Kopf ruht auf einem flachen Kissen.

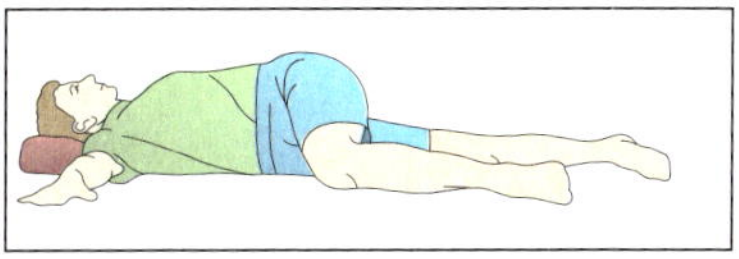

▸ **Ausführung:** Das unten liegende Bein weit ausstrecken, gleichzeitig das obere Bein weiter anbeugen (Hüft- und Kniegelenke bilden einen rechten Winkel). Der Rücken und das ausgestreckte Bein befinden sich auf einer geraden Linie. Oberkörper und Arme in die Rückenlage bringen. Der Kopf folgt der Bewegung, bis der Blick zur Decke gerichtet ist, Po und Beine bleiben jedoch liegen. In der Endposition liegen Ihre Arme mit rechtwinklig gebeugten Ellenbogen auf dem Boden, Handflächen zeigen nach oben. In dieser Stellung 10 Sekunden bleiben und ruhig weiteratmen. Dann die Seite wechseln.

Achtung: Sie können die Dehnung verstärken, indem Sie in der Rückenlage die Arme nach oben strecken und gegen den Boden drücken. Falls Schmerzen auftreten, die Übung sofort abbrechen.

Top-Übung 3

Diese Übung kräftigt und stabilisiert die gerade und die schräge Bauchmuskulatur – ein Muss für Patienten mit Haltungsschwächen, Haltungsfehlern und unspezifischen Rückenbeschwerden.

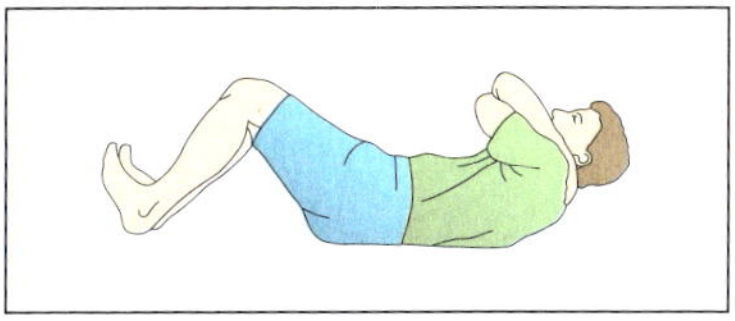

▸ **Ausgangsposition:** Rückenlage. Beine anwinkeln, Fußsohlen gegen eine Wand stellen (Beine dabei etwas auseinander). Sprunggelenke, Knie und Hüften bilden jeweils einen rechten

Winkel. Die beiden Arme werden diagonal vor der Brust verschränkt.

▸ **Ausführung:** Die Innenfläche der rechten Hand geht auf die linke Schulter, die Innenfläche der linken Hand auf die rechte Schulter. Beim Ausatmen Kopf und Oberkörper anheben und geradeaus (Richtung zwischen die Beine) führen. Anschließend Oberkörper zum rechten, dann zum linken Knie anheben. Je nach Kondition 15- bis 30-mal wiederholen.

Achtung: Keine Pressatmung! Bei Schmerzen abbrechen! Möglichst 3-mal täglich üben.

Die Körperhaltung wirkt sich auch auf die Stimmung aus und umgekehrt. Versuchen Sie einmal jemanden darzustellen, der fröhlich, traurig, stolz, schlapp oder energisch daherkommt. Der Körper fühlt sich jedesmal anders an.

Kräftigung der Rumpfmuskulatur

▸ **Ausgangsposition:** Aufrechter Stand, Füße drücken fest gegen den Boden, Kopf streckt sich zur Decke, Hände stemmen nach unten.

▸ **Ausführung:** Stemmen Sie einen Arm nach oben (Hand ist nach oben geöffnet), und verlagern Sie das Gewicht auf das gleichseitige Bein. Jetzt das andere Bein beugen, den nach oben gestreckten Arm ebenfalls beugen. Das Knie und den gebeugten Ellenbogen diagonal aufeinander zuführen, ohne dass sie sich gegenseitig berühren. Der andere Arm stemmt nach unten und hält Rumpf und Wirbelsäule gestreckt. Langsam in die Ausgangsposition zurückkehren, dann die Seite wechseln.

Top-Übung 4

Diese Übung hilft bei Instabilität der Wirbelsäule und ist ideal zum Aufbau der gesamten Rumpfmuskultur. Wer bereits einen Bandscheibenvorfall hatte, sollte die Übung unbedingt in sein Standardprogramm aufnehmen.

▸ **Ausgangsposition:** Seitenlage links. Den Rücken gerade und den Kopf in der verlängerten Wirbelsäule halten!

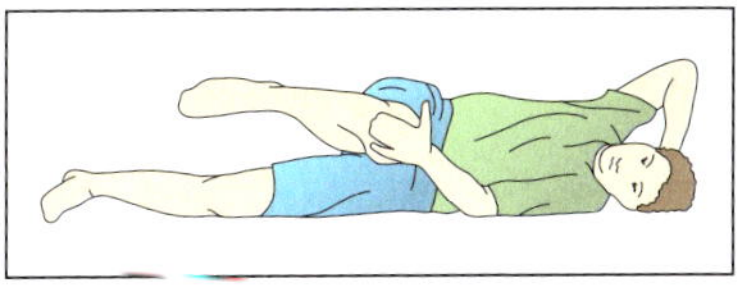

▶ **Ausführung:** Mit der rechten Hand gehen Sie hinter den Kopf und bauen eine Spannung auf (Kopf zieht nach hinten, Hand hält dagegen). Die linke Hand und das rechte Knie bewegen sich aufeinander zu und werden fest gegeneinander gestemmt. Das unten liegende linke Bein wird nach unten gestreckt. Die Stemmvorgänge laufen zur gleichen Zeit ab und sollten ca. 8 bis 10 Sekunden gehalten werden. Danach 4 Sekunden entspannen und anschließend die Spannung erneut aufbauen. 10 Wiederholungen, danach zur rechten Seitenlage wechseln.

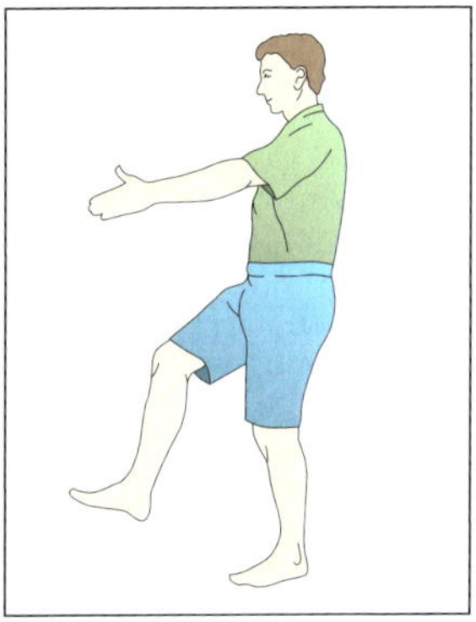

Sprinterübung

Die folgende Übung ist eine Kernübung für die Ganzkörperkoordination. Sie bietet eine ideale Möglichkeit, die Kontrolle über den eigenen Körper intensiv zu üben. Die Übung ist während der akuten Schmerzphase – wenn sich der Patient an einer Wand abstützt – ebenso geeignet wie in Maximalbelastung bei völliger Schmerzfreiheit.

▶ **Ausgangsposition:** Stand auf einem Bein in Sprinterhaltung: Ein Bein ist etwa hüfthoch angezogen. Die angewinkelten Arme werden wie beim Laufen nach vorn bzw. nach hinten geführt, die geöffneten Hände zeigen nach innen.

▶ **Ausführung:** Imitieren Sie eine Laufbewegung: Bein und Arm absenken und nach hinten führen. Fuß hinten aufstellen und im Wechsel wiederholen. Steigerung: Die Bewegung sehr langsam ausführen, ohne den Fuß auf den Boden aufzusetzen. Nach 8 bis 12 Wiederholungen sollten Sie eine kurze Pause machen (30 bis 60 Sekunden). Insgesamt 3 bis 5 Serien.

Weitere Übungen

Gönnen Sie Ihrem Rücken auch in besonderen Belastungssituationen etwas Gutes, und lockern Sie langes Sitzen im Auto oder am Arbeitsplatz mit kleinen Übungen auf, die speziell auf die jeweiligen Situationen zugeschnitten sind.
Stretchband, Gymnastikball und warmes Wasser bieten weitere Möglichkeiten, für Abwechslung bei der täglichen Rückengymnastik zu sorgen. Den Abschluss dieses Übungsprogramms bilden Entspannungsübungen, die für den Rücken ebenso wichtig sind wie Muskeltraining.

Das Risiko eines Bandscheibenvorfalls liegt bei Menschen, die die Hälfte ihrer Arbeitszeit hinter dem Steuer eines Kraftfahrzeugs verbringen, dreimal höher als bei einem Normalautofahrer.

Übungen für Autofahrer

Lange Autofahrten ohne Pausen sind Gift für jeden Rücken. Zur starren Sitzhaltung gesellen sich noch Stöße und Vibrationen, die unsere Bandscheiben auf eine harte Belastungsprobe stellen. Es gibt wohl kaum einen altgedienten Brummi- oder Taxifahrer, der es nicht im Kreuz hat. Die meisten leiden unter chronischen Rückenproblemen, und nicht wenige müssen deswegen sogar ihren Beruf aufgeben. Aber auch der normale Autofahrer sollte die Gefahren einer Marathontour für seinen Rücken nicht unterschätzen. Ein Ziehen, Reißen oder Kribbeln im Bein nach mehrstündiger Non-Stop-Fahrt kann bereits das erste Alarmzeichen für einen bedrohlichen Bandscheibenvorfall sein.

Gymnastikbälle erhalten Sie im Sanitätsfachgeschäft oder direkt bei einigen Krankenkassen.

Fit trotz Fahren

Schieben Sie sich vor Fahrtantritt ein Kissen oder ein zusammengerolltes Handtuch hinter den Lendenbereich. Noch besser ist ein spezielles für Autositze gearbeitetes Rückenstützkissen, das die aufrechte Sitzhaltung fördert. Dieses Kissen wird mit Gurten an der Sitzlehne befestigt, damit es während der Fahrt nicht verrutscht.

Der beste Komfortsitz kann jedoch kaum verhindern, dass Ihnen irgendwann das Kreuz schmerzt. Deshalb sollten Sie etwa alle zwei Stunden einen Rastplatz ansteuern und eine 15-minütige Fahrpause einlegen – nicht für eine schnelle Currywurst, sondern für eine gezielte Autofahrergymnastik. Dabei kann man den Wagen zum Trimm-dich-Gerät umfunktionieren. Nutzen Sie außerdem auf großen Touren Rotphasen oder Verkehrsstaus für Lockerungsübungen.

Bei schwer wiegenden Rückenproblemen empfiehlt sich die Anschaffung eines individuell angepassten orthopädischen Autositzes.

Übungen auf dem Parkplatz

- 5 Minuten joggen oder 10 Minuten schnell gehen. Oder auch jeweils 2 Minuten auf einem Bein hüpfen. Ist der Körper vom langen Sitzen »eingerostet«, langsam beginnen und vorsichtig die Belastung steigern.
- Am Autodach festhalten, auf die Zehenspitzen stellen. Langsam auf die Fersen abrollen und die Zehen so weit wie möglich anheben. Die Knie dabei nicht überstrecken und ein Hohlkreuz vermeiden!

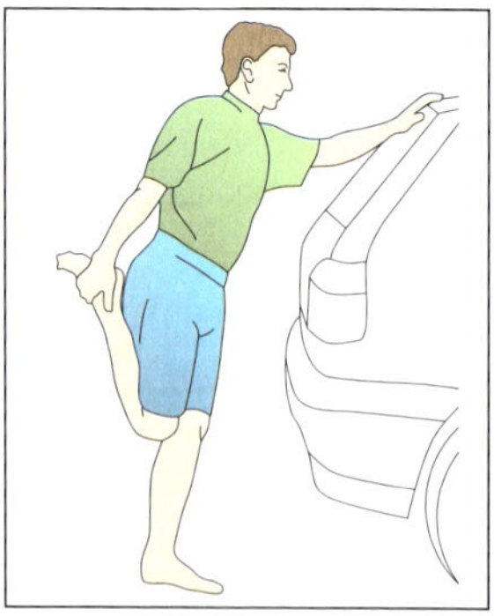

- Am Autodach festhalten, rechten Fuß mit der Hand fassen und hochziehen, so dass der vordere Oberschenkel gedehnt wird. Gesäß dabei fest anspannen und etwas nach vorn schieben. Danach ist das linke Bein an der Reihe. Wichtig: Kein Hohlkreuz, Wirbelsäule nicht zur Seite verdrehen!
- Hände flach auf die Kühlerhaube legen, abwechselnd Hohlkreuz und Katzenbuckel machen. Die Bewegungen nie ruckartig, sondern langsam mit viel Gefühl ausführen!

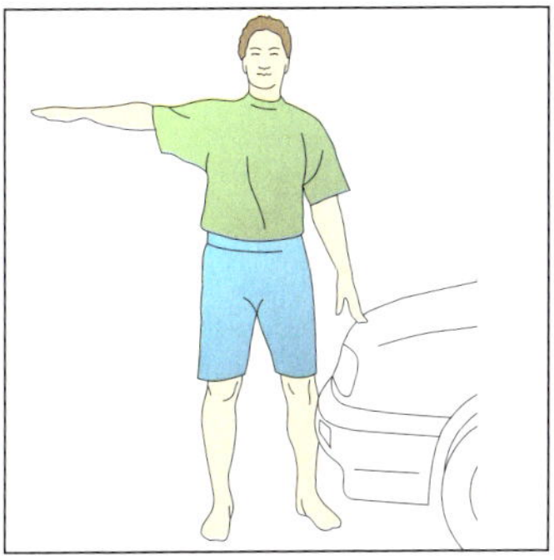

▸ Eine Hand auf die Kühlerhaube, den anderen gestreckten Arm und den Oberkörper nach hinten drehen. Abwechselnd nach links und nach rechts. Knie dabei nicht überstrecken, kein Hohlkreuz!

▸ Beine leicht grätschen, Knie etwas beugen, Hände in die Hüften stemmen. Becken nach rechts und links, nach vorn und hinten schieben.

Übungen hinter dem Steuer

▸ Arme unter den Dachhimmel strecken, im Sitz räkeln. So weit wie möglich nach vorn beugen, dann wieder gerade aufrichten.

▸ Drehen Sie den Kopf nach beiden Seiten, und rollen Sie die Schulter. Das lockert steife Nackenmuskeln.

▸ Die Arme fest gegen das Lenkrad stemmen, als wollten Sie es wegdrücken. Ein paar Sekunden die Spannung halten, dabei ruhig weiteratmen.

▸ Hände hinter dem Kopf verschränken, dabei eine Spannung aufbauen (Kopf drückt nach hinten, Hände halten dagegen).

Übungen während der Autofahrt

- Pressen Sie Ihren Nacken 6 Sekunden lang fest gegen die Kopfstütze. Anschließend den Druck lösen.
- Beide Pobacken fest zusammenkneifen, Rücken und Kopf gegen die Lehne pressen (Kopf ganz gerade nach vorn gerichtet halten). Spannung 6 Sekunden lang halten. Dann lockern.
- Den unteren Rückenbereich so fest wie möglich gegen die Sitzlehne pressen. Spannung 6 Sekunden lang halten, dann lösen.
- Beide Schulterblätter fest nach hinten ziehen, als ob man sie hinter dem Rücken zusammenführen wollte. Spannung 6 Sekunden lang halten.

Übungen am Arbeitsplatz

Viele Arbeitgeber wären gut beraten, die eine oder andere Pause durch einen Fitnesstrainer gestalten zu lassen. Nach einer solchen Pause würden neue Kräfte freigesetzt.

Schon wenige Minuten Gymnastik am Arbeitsplatz machen Sie wieder fit. Übrigens: Gemeinsam mit einem Kollegen oder einer Kollegin machen die Übungen doppelt Spaß.

Für alle, die viel sitzen

Langes Sitzen belastet die Wirbelsäule erheblich. Wenn Sie viel am Schreibtisch sitzen, sollten Sie zwischendurch immer mal wieder aufstehen und sich gerade hinstellen oder durchs Zimmer gehen. Auch zeitweiliges Arbeiten an einem Stehpult bringt Entlastung.
Die folgenden Übungen werden – wenn nicht anders erwähnt – im Sitzen ausgeführt.

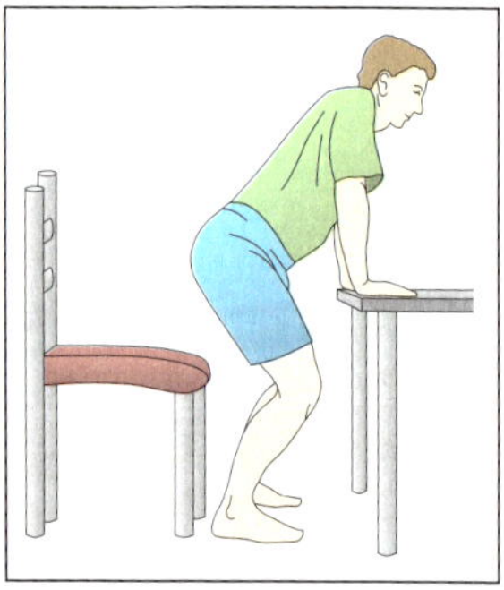

- Setzen Sie sich falsch herum auf Ihren Bürostuhl, und stützen Sie die Ellenbogen auf der Rückenlehne auf – das entlastet Muskulatur und Bandscheiben.
- Rumpf dehnen: Gesäß anspannen, die Arme gestreckt nach hinten führen.
- Schultern langsam hochziehen und dann bewusst nach unten führen. Jeweils einige Sekunden halten. Danach lösen und lockern.
- Ellenbogen in Schulterhöhe halten und langsam nach hinten ziehen – so kräftigen Sie die Muskulatur im Schulterbereich.
- Stehen Sie auf, und stützen Sie sich mit beiden Händen am Schreibtisch ab. Die Knie sind dabei leicht angewinkelt. Mit dieser Übung nehmen Sie Ihr Gewicht von den Bandscheiben und entlasten die Wirbelsäule.
- Zur Nackendehnung langsam den Kopf zu einer Seite neigen und den entgegengesetzten Arm nach unten ziehen; abwechselnd links und rechts.

▶ Entspannung für den Nacken: Mit beiden Händen den Nacken ausstreichen. Danach die Arme lockern. Mehrmals wiederholen.

▶ Zur Entlastung der Wirbelsäule: recken und strecken!

▶ Die Wirbelsäule beweglich machen: Po leicht anspannen, Oberkörper langsam nach rechts und links drehen.

▶ Dehnung der Rumpfseite: Rumpf langsam zu einer Seite neigen, der Po soll dabei nicht von der Sitzfläche abheben. Gleichmäßig atmen. Seite wechseln.

▶ Mit gestreckten Armen an den Stuhllehnen hochstemmen, der Oberkörper bleibt locker – das entlastet Muskulatur und Bandscheiben.

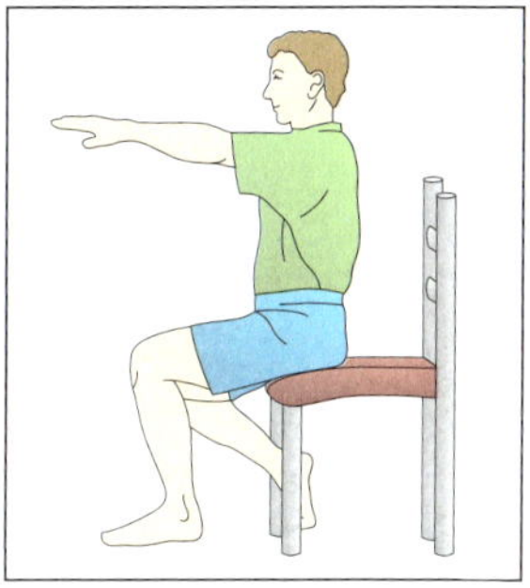

▶ Einen Arm nach vorn und das entgegengesetzte Bein leicht nach hinten strecken. Abwechselnd links und rechts. Aufpassen, dass Sie nicht ins Hohlkreuz fallen. Danach Beine und Arme im Stehen lockern.

▶ Dehnung von Hüfte und Beinvorderseite: Gesäß und Bauch anspannen, Hüften nach vorn schieben. Nicht ins Hohlkreuz fallen!

Für alle, die viel stehen

Langes Stehen belastet nicht nur die Wirbelsäule, sondern auch die Gefäße der Beine. Ein gut ausgebildeter Muskelapparat trägt dazu bei, dass die Wirbelsäule ebenso entlastet wird wie die Venen.

Alle Übungen werden im Stehen ausgeführt.

▶ Zur Entlastung der Wirbelsäule an eine Wand anlehnen oder zwischendurch eine Stehhilfe (Stehstütz) mit höhenverstellbarer Sitzschale benutzen.

▶ Dynamisch stehen: Von einem Bein auf das andere treten – die Gelenke werden entlastet, das Blut kann besser zirkulieren.

▶ Suchen Sie sich ein Treppchen, eine Kiste, einen Stapel Papier: Abwechselnd mal das linke, mal das rechte Bein darauf stellen. Entlastet Beine und Rücken.

▶ Gehen oder traben Sie auf der Stelle. Das entlastet die Beine und aktiviert das Herz-Kreislauf-System.

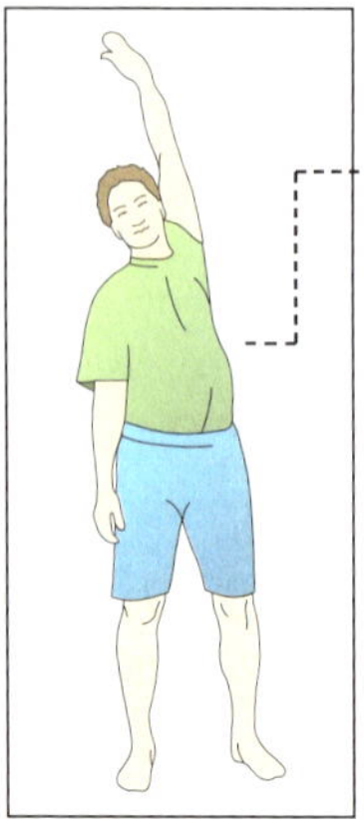

▸ Ellenbogen auf einem Regal aufstützen – das entlastet den Rücken.

▸ Dehnung der Rumpfseite: Beine etwas grätschen, Gesäß leicht anspannen. Linken Arm nach oben strecken. Rumpf langsam zur Seite neigen, den gestreckten linken Arm mitführen, während der rechte Arm locker nach unten hängt. Seitenwechsel.

▸ Dehnung des Rückens: Gesäß leicht anspannen, Becken nach vorn schieben, Oberkörper langsam einrollen.

▸ Dehnung der Hüfte: Mit dem Rücken zum Bürostuhl stellen. Unterschenkel eines Beins nach hinten anheben und auf die Sitzfläche legen. Gesäß anspannen, Hüften nach vorn schieben. Nicht ins Hohlkreuz fallen!

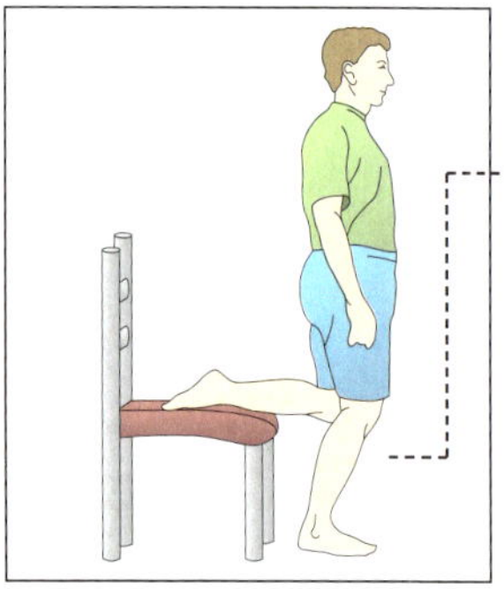

▸ Kräftigung von Bauch und Hüften: Gegen eine Wand lehnen. Ein Bein anheben, so dass Ober- und Unterschenkel einen rechten Winkel bilden. Mit beiden Händen auf den Oberschenkel drücken, mit dem Bein einen Gegendruck erzeugen. Spannung einige Sekunden halten, lösen. Seitenwechsel.

▸ Kräftigung von Rücken und Po: Arm und Bein diagonal strecken, danach lockern. Nicht ins Hohlkreuz fallen! Seitenwechsel.

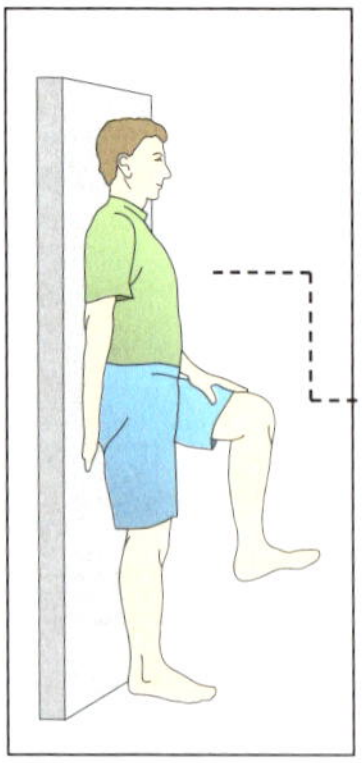

▸ Kräftigung der Beininnenseite: Ein Bein etwas anheben und fest gegen das andere Bein drücken. Spannung einige Sekunden halten, dann lösen.

▸ Kräftigung von Gesäß und Beinen: Gegen eine Wand lehnen, Knie langsam beugen und strecken. Nicht tiefer als 90 Grad im Kniegelenk beugen.

▸ Dehnung der Brust: In leichter Schrittstellung seitlich zu einer Wand stellen. Hand über Schulterhöhe an der Wand fixieren. Gewicht langsam nach vorn verlagern.

Übungen mit dem Stretchband

Das Fitnessband, auch als Power-, Stretch- oder Theraband bekannt, ist eines der besten Fitnessgeräte für die Muskulatur. Es handelt sich um ein aus Latex hergestelltes, äußerst elastisches breites Band. Fitnessstudio im Hosentaschenformat wird es auch treffend genannt. Seine Materialeigenschaft bewirkt, dass sich bei gleichmäßigem Auseinanderziehen der Widerstand des Bands auch gleichmäßig verändert. Weitere Vorteile:

- Sie können mit dem Band sowohl gezielt einzelne Muskeln trainieren als auch ganze Muskelgruppen.
- Das Band ist auch bei neurologischen Schäden (z. B. bei einer Fußheberschwäche nach Bandscheibenvorfällen) optimal einsetzbar.

Sie können mit dem Band viele Übungen absolvieren, für die Sie normalerweise einen Partner benötigen. Fitnessbänder in allen Varianten erhalten Sie in gut sortierten Kaufhäusern und in Sportgeschäften.

Darauf sollten Sie achten

- Das Fitnessband gibt es in verschiedenen Farben von weiß bis schwarz. Je dunkler die Farbe, desto stärker der Widerstand. D. h.: Ein weißes oder gelbes Band ist ideal für die kleinen Gelenke, das schwarze Band sollten nur sehr kräftige, sportliche Menschen benutzen. Anfänger entscheiden sich am besten für ein gelbes oder rotes

Das Latexband ist eine lohnende Investition, da man die gesamte Muskulatur damit in Schwung bringen kann.

Tipp: Das Band ab und zu mit Talkum-, Baby- oder Körperpuder bestreuen, dann bleibt es geschmeidig und klebt nicht zusammen.

Fitnessband. Die ideale Bandlänge beträgt etwa 200 Zentimeter.

- In der Ausgangsstellung sollte das Band bereits leicht gedehnt sein. Dadurch entsteht in der gelenkumgebenden Muskulatur eine leichte Vorspannung, die die Gelenke vor Überlastungsfolgen schützt.
- Führen Sie die Bewegungen fließend und mit konstantem Tempo durch.
- Achten Sie auf eine sichere Befestigung (Knoten, Schlingen) des Bands. Halten Sie Ihre Handgelenke gerade. Wickeln Sie das Band stets breit um Körperteile.
- Wiederholen Sie die Übungen jeweils 15- bis 20-mal. Machen Sie nach dieser Serie etwa 30 Sekunden Pause. Führen Sie zu Beginn 3 bis 4 Serien durch.
- Üben Sie vor einem Spiegel. So können Sie die exakte Ausführung kontrollieren.

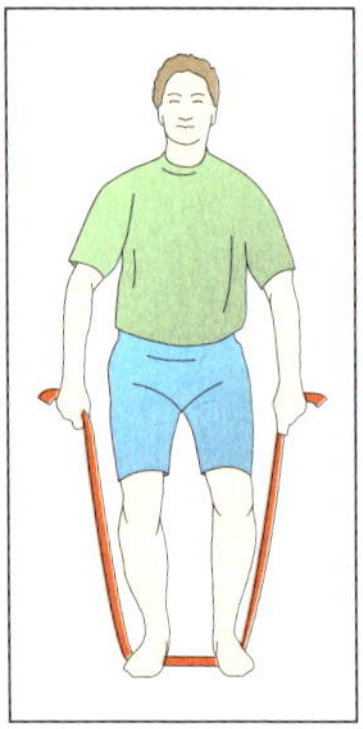

Training der Beinmuskulatur

Stellen Sie sich aufrecht mit beiden Füßen auf die Mitte des Bands. Die beiden Enden halten Sie in den Händen und ziehen sie bis zur Hüfte hoch. Während Sie das Band unter Spannung halten, heben Sie abwechselnd ein Bein an. Für Fortgeschrittene: Hüpfen Sie 30 Sekunden auf einem Bein, dann wechseln.

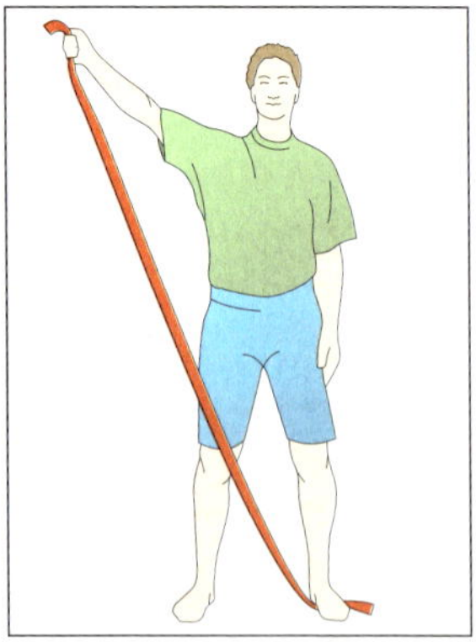

Training der Rumpfmuskulatur

Beginnen Sie im aufrechten Stand mit leicht gegrätschen Beinen. Stellen Sie sich mit einem Fuß auf ein Bandende, und ziehen Sie das andere mit der gegenseitigen Hand diagonal nach oben. Schauen Sie der Hand nach. Lassen Sie auf dem Rückweg das Band nicht los, sondern führen Sie es langsam in die Ausgangsposition zurück.

Training der Arm- und Schultermuskulatur

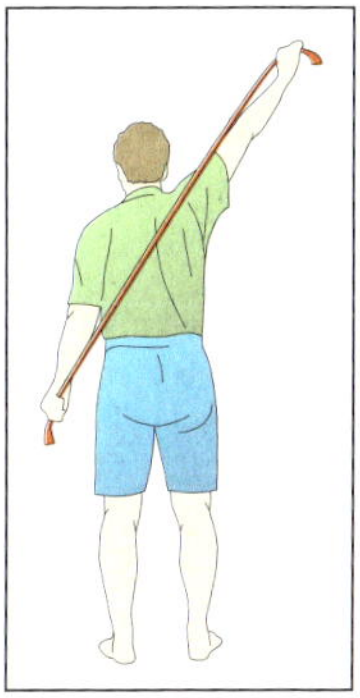

Stellen Sie sich mit leicht gegrätschen Beinen und aufrechtem Rücken hin. Halten Sie einen Arm nach oben, den anderen gebeugt hinter dem Rücken. Strecken Sie nun beide Arme aus, bis das Band hinter dem Rücken gespannt ist. In die Ausgangsposition zurückkehren. Nach mehreren Wiederholungen die Seite wechseln.

Mobilisation der Lendenwirbelsäule

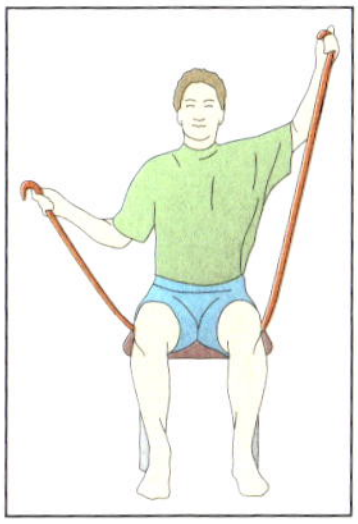

Für diese und die folgenden beiden Übungen benötigen Sie einen bequemen Stuhl.
Setzen Sie sich auf das Band, fassen Sie die beiden Enden, und heben Sie die Arme, so dass das Band schon leicht gespannt ist. Schieben Sie wechselweise die Arme nach oben, und heben Sie gleichzeitig die entgegengesetzte Gesäßseite an.

Training der Rumpfmukulatur

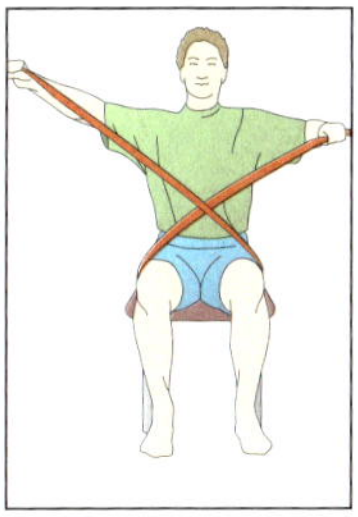

Setzen Sie sich mit den Oberschenkeln auf das Band, und halten Sie es über Kreuz in den Händen. Richten Sie den Oberkörper auf, und halten Sie das Band unter leichter Spannung, indem Sie die gebeugten Arme seitlich abspreizen. Drehen Sie nun den Oberkörper und die Arme abwechselnd nach rechts und nach links, ohne die aufrechte Haltung zu verlieren.

Training der Schultergürtelmuskulatur

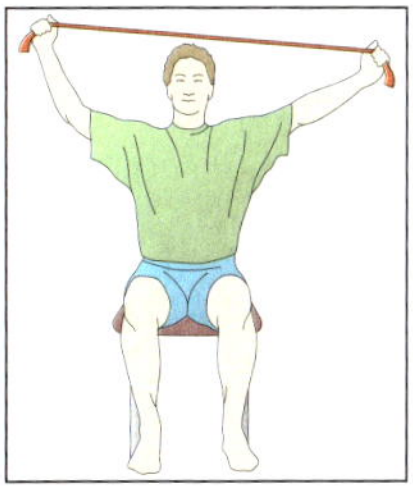

Nehmen Sie im aufrechten Sitz die beiden Enden des Bands in die Hände, heben Sie die Arme, und halten Sie das Band unter Spannung hinter dem Kopf. Führen Sie beide Arme jeweils abwechselnd in die Beugung und in die Streckung, ohne die Spannung des Bands zu verlieren.

Training der Rumpf- und Extremitätenmuskulatur

Diese und die folgenden beiden Bodenübungen absolvieren Sie am besten auf einem Teppichboden oder einer Gymnastikmatte. Bei den Übungen in Rückenlage ist ein kleines Kissen unter dem Kopf hilfreich.
Sie liegen seitlich auf dem Boden und halten das Band vor dem Körper in den Händen. Stützen Sie sich auf dem Unterarm ab, und heben Sie das Becken, bis der Körper eine Linie bildet. Strecken und beugen Sie den Ellenbogen des oberen Arms und spannen damit das Band. Nach ein paar Wiederholungen wechseln Sie die Körperseite.

Training der Rückenmuskulatur

Nehmen Sie die Rückenlage ein. Legen Sie das Band an seiner Mitte um einen Fuß, und fixieren Sie die Bandenden mit den Händen am Boden. Strecken und beugen Sie nun das Bein, an dem das Band befestigt ist. Verstärkend kann auch der gleichseitige Arm gehoben und ausgestreckt werden, aber nur so weit, bis Arm und Bein mit dem Rücken eine Linie bilden. Lassen Sie dann die Spannung langsam nach, und wechseln Sie nach ein paar Wiederholungen die Seite.

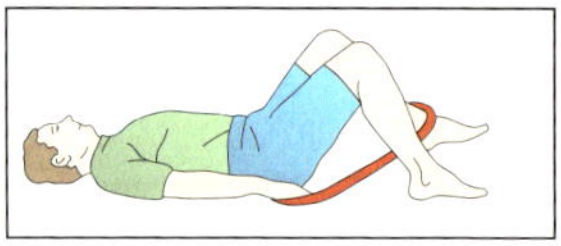

Training der Bauchmuskulatur

Heben Sie in der Rückenlage die Beine nacheinander gebeugt an, und legen Sie das Band über beide Knie. Die Bandenden werden mit den Händen am Boden festgehalten. Schieben Sie die Knie minimal nach oben, so dass sich Ihr Becken leicht vom Boden abhebt. Anschließend langsam senken, entspannen und wiederholen.

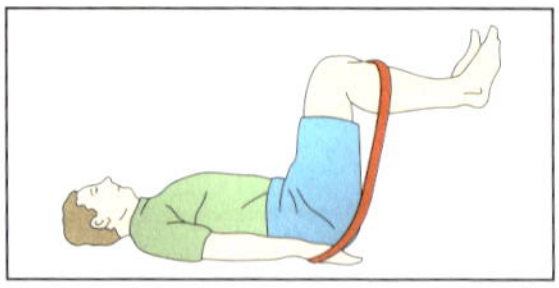

Übungen mit dem Gymnastikball

Als Alternative zum Stuhl erzieht die federnde Kugel zum dynamischen Sitzen und damit zu einer besseren Haltung. Denn der Ball muss ständig mit Beinen, Po und Rückgrat unter Kontrolle gehalten werden, wodurch der dauerhafte, einseitige Druck auf die Bandscheiben vermieden wird. Nach Ansicht vieler Orthopäden sollte der Ball den Stuhl aber auf keinen Fall gänzlich ersetzen, sondern immer nur zeitweilig.

Der Sitzball hat die korrekte Größe, wenn Sie beim geraden Sitzen mit der gesamten Fußsohle sicheren Bodenkontakt haben.

Richtiges Sitzen auf dem Ball

Wenn Sie nur auf dem vorderen Bereich des Balls sitzen, wird das Becken gern gekippt, und Sie nehmen eine scheinbar bequeme, aber ungesunde Hohlkreuzhaltung

So groß sollte ein Sitzball sein

Körpergröße	Durchmesser des Balls
Bis ca. 1,45 Meter	0,45 Meter
Bis ca. 1,55 Meter	0,55 Meter
Bis ca. 1,75 Meter	0,65 Meter
Über 1,75 Meter	0,75 Meter

Worauf man sonst noch achten sollte

- Zum Aufblasen am besten eine Fußpumpe (Luftmatratzenpumpe) benutzen.
- Neue Bälle nicht sofort auf die volle Größe aufpumpen. Die Dehnfähigkeit ist erst nach ein paar Tagen erreicht.
- Den Ball auch später nur bis zur angegebenen Größe aufpumpen, sonst kann er platzen.
- Der Ball trägt ein Gewicht von bis zu 300 Kilogramm. Trotzdem ist er empfindlich: Vorsicht mit spitzen Gegenständen oder direkter Hitzeeinstrahlung!

ein. Je mehr die Sitzposition auf die Mitte des Balls verlagert wird, desto leichter ist es, das Becken aufzurichten. Optimal ist ein Hüft- und Kniewinkel von jeweils ca. 110 Grad. Das erreicht man aber nur mit der richtigen Ballgröße, die sich nach der Körpergröße richtet (siehe Tabelle Seite 79).

Es gibt auch Bälle mit kleinen Füßchen, die das Balancieren für Anfänger etwas einfacher machen. Sie haben allerdings den Nachteil, dass sie sich nicht für alle Gymnastikübungen eignen.

Die Übungen

Dass der Fitnessball auch ein ausgezeichnetes Gymnastikgerät zur Vermeidung und Behandlung von Rückenproblemen ist, wollen wir Ihnen hier zeigen. Die Übungen dienen sowohl der Kräftigung der Muskulatur als auch der Entspannung.

Zum Eingewöhnen

Sie sitzen entspannt auf dem Ball. Achten Sie darauf, dass Sie ein Hohlkreuz vermeiden!

Durch Beckenbewegungen erkunden Sie den Bewegungsspielraum nach vorn, nach hinten und zur Seite.

Mit den Füßen so weit wie möglich nach vorn und wieder zurück, dann zur rechten und zur linken Seite wandern. Dabei den Rücken gerade halten.

Die Schultern einige Male kräftig zu den Ohren ziehen und locker wieder fallen lassen.

Ernährung der Bandscheiben

Setzen Sie sich aufrecht auf den Ball, beide Füße stehen fest auf dem Boden. Beginnen Sie, auf dem Ball leicht und beschwingt zu wippen, ohne die aufrechte Haltung zu verlieren. Der Wechsel von Be- und Entlastung verbessert die Versorgung der Bandscheiben mit Nährstoffen, verkrampfte Muskeln lösen sich. Nach einem anstrengenden Tag ist das eine wunderbare Entspannungsübung.

Kräftigung von Oberschenkelrückseite und Po

Wandern Sie mit den Füßen aus dem Sitz Schritt für Schritt nach vorn, bis nur noch der Schultergürtel auf dem Ball aufliegt. Versuchen Sie, das Becken so in der Luft zu halten, dass die Hüften ganz gestreckt sind. Steigerung: mit den Füßen auf der Stelle marschieren, abwechselnd ein Bein ausstrecken.

Kräftigung der Bauch- und Rückenmuskulatur

Sie sitzen aufrecht auf dem Ball, beide Füße stehen fest am Boden. Der Oberkörper wird vorgeneigt, dabei rollt der Ball leicht nach hinten, die Zehen lösen sich vom Boden. Wird der Oberkörper zurückgeneigt, rollt der Ball leicht vor, die Fersen lösen sich. Der Blick ist immer nach vorn gerichtet, der Oberkörper bleibt die ganze Zeit aufrecht.

Kräftigung der Rückenmuskulatur

Legen Sie sich wieder bäuchlings auf den Ball, und stützen Sie sich vorn mit beiden Händen ab. »Laufen« Sie nun mit den Händen vorwärts, bis nur noch die Oberschenkel auf dem Ball aufliegen. Die Beine sind dabei gestreckt. Steigerung: abwechselnd einen Arm in Verlängerung der Körperlängsachse ausstrecken.

Gleichgewichtsschulung

Legen Sie sich bäuchlings auf den Ball, und stützen Sie sich vorn mit beiden Händen ab. Ziehen Sie die Knie mit dem Ball unter den Bauch. **Achtung:** Diese Übung ist für Fortgeschrittene.

Kräftigung Schultergürtel 1

Legen Sie sich mit dem Bauch auf den Ball, die Zehen berühren den Boden. Strecken Sie die Arme nach hinten, um das Gleichgewicht zu halten. Heben Sie nun den Kopf an, bis Sie eine leichte Spannung in Schultern und Rücken spüren. 10 bis 15 Sekunden halten, dann entspannt über dem Ball niedersinken.

Gymnastikbälle erhalten Sie in verschiedenen Größen in Sport- und Sanitätsfachgeschäften.

Kräftigung Schultergürtel 2

Legen Sie sich mit dem Bauch über den Ball, und stützen Sie sich mit den Beinen am Boden ab. Die gestreckten Arme werden, ähnlich wie beim Kraulschwimmen, im Wechsel gegengleich vorn und hinten angehoben.

Kräftigung der rückwärtigen Beinmuskulatur

Legen Sie sich mit dem Rücken auf den Boden, und lagern Sie die Unterschenkel auf dem Ball. Rücken und Po liegen fest auf, Ober- und Unterschenkel bilden einen Winkel von etwa 90 Grad. Abwechselnd die Waden fest auf den Ball herunterdrücken.

Auch viele Sportvereine bieten Rückengymnastik mit Band und Ball an.

Übungen im warmen Wasser

Wann immer Sie die Möglichkeit haben: Gehen Sie ins Schwimmbad! Genauer gesagt: Gehen Sie ins warme Wasser eines Bewegungsbads. Es gibt keine bessere Medizin gegen Rückenprobleme als Wassergymnastik. Sie ist die ideale Ergänzung – keine Alternative! – zu den Trockenübungen.

Schon beim langsamen Hineingleiten ins Wasser verspüren Sie die Leichtigkeit des Seins, das herrliche Gefühl der Schwerelosigkeit. Geben Sie sich ganz der Entspannung hin, und lassen Sie sich einfach an der Wasseroberfläche treiben, indem Sie immer wieder tief einatmen, einige Zeit die Luft anhalten und die Hände als Paddel benutzen. Erst dann beginnen Sie langsam mit der Gymnastik. Starten Sie mit leichten Übungen, und steigern Sie sich allmählich.

Viele Schwimmbäder bieten neben einem großen Becken mit warmem Wasser auch Whirlpools, Massagedüsen und andere Annehmlichkeiten, die den geplagten Rücken ebenfalls angenehm verwöhnen.

Vorbereitende Übungen

- Gehen Sie mit langen Schritten und betontem Armeinsatz durchs Wasser (8 bis 10 Meter, 20 bis 30 Sekunden Pause, 4- bis 6-mal).
- Beim Vorwärtsschreiten bewusst den Fuß von den Zehen bis zur Ferse abrollen und in den Knien leicht federn (6 bis 8 Meter, 20 bis 30 Sekunden Pause, 2- bis 4-mal).
- Zügig rückwärts gehen, ebenfalls mit betontem Armeinsatz (8 bis 10 Meter, 20 bis 30 Sekunden Pause, 2- bis 4-mal).
- 6 bis 8 Meter laufen, danach 3 bis 4 Hock-Streck-Sprünge (nur geringfügig in die Hocke gehen und mit gestrecktem Körper und angelegten Armen so hoch wie möglich aus dem Wasser schnellen). 20 bis 30 Sekunden Pause, 5-mal.

Übungen für den Arm- und Schulterbereich

▶ Im Stehen mit leicht gebeugten Knien beide Arme dicht unter der Wasseroberfläche gleichmäßig vor- und zurückführen (12- bis 20-mal).

▶ Boxen mit nach vorn gerichteten Handflächen (20-mal, 20 bis 30 Sekunden Pause, 2- bis 4-mal).

▶ Hände am Beckenrand auflegen, in die Knie gehen und mit gestrecktem Oberkörper so weit wie möglich aus dem Wasser schnellen (10- bis 14-mal).

Die Wärme des Wassers fördert die Beweglichkeit, und sein Auftrieb ermöglicht es auch übergewichtigen Personen, Gymnastikübungen auszuführen, ohne aus der Puste zu kommen.

Übungen für den Hüft- und Beinbereich

▶ Beine wechselseitig seitwärts über die nach unten ausgestreckte eigene Hand heben (10- bis 20-mal).

▶ Laufen auf der Stelle mit Anfersen, d. h., Unterschenkel so hoch wie möglich zum Po ziehen (20- bis 30-mal).

▶ Mit den Händen am Beckenrand abstützen und auf der Stelle laufen, dabei die Knie so hoch wie möglich ziehen (20- bis 30-mal).

Übungen für den Rumpfbereich

▶ Körperwelle am Beckenrand: Hände am Beckenrand auflegen, im Stehen den Unterkörper nach vorn und nach hinten schwingen (10- bis 14-mal).

▶ Am Beckenrand festhalten, Beine stehen geschlossen auf dem Boden an der Wand. Körper mit den Armen nach vorn ziehen, seitwärts mal nach rechts, mal nach links fallen lassen (10- bis 16-mal).

Übungen nach Bandscheibenoperationen

Falls Sie im Lendenwirbelbereich an einem Bandscheibenvorfall operiert wurden, kennen Sie die folgenden Übungen vielleicht schon. Sie gehören in Rehakliniken zum Standardprogramm einer Krankengymnastik im

Wasser. Behandlungsziel ist vor allem die Stabilisation der operierten Wirbelsäulenabschnitte, eine Entspannung und Lockerung der Muskulatur sowie die Dehnung verkürzter Muskelgruppen.

▸ Stellen Sie sich aufrecht mit dem Gesicht zum Beckenrand. Beide Hände ergreifen die Haltestange. Der Kopf ist geradeaus gerichtet, die Füße stehen etwa 0,5 Meter vom Beckenrand entfernt parallel zusammen. Bauch und Gesäß anspannen, Kniegelenke strecken und unter Spannung auf die Zehenballen stellen. Die Spannung 5 Sekunden halten, lösen.

Achtung: Nicht ins Hohlkreuz gehen!

Anschließend in der gleichen Ausgangsstellung die Zehen hochziehen und auf die Fersen stellen. Spannung ebenfalls 5 Sekunden halten.

Achtung: Kniegelenke nicht überstrecken, Becken nicht nach hinten drücken!

▸ Ausgangsstellung wie oben einnehmen, die Füße aber dicht an den Beckenrand stellen. Die Hände sind an der Stange, die Arme gestreckt. Ihr Körper bildet eine schräge Ebene zur Wand, das Becken hängt locker nach hinten. Jetzt Bauch und Po anspannen, mit dem Becken nach vorn gehen, bis Hüfte und Rücken gestreckt sind. Spannung halten.

Achtung: Hüften nicht überstrecken, Arme und Beine bleiben gestreckt, die Schultern sind unter Wasser.

▸ In Ausgangsstellung wie oben (Füße dicht am Beckenrand, Arme gestreckt, schräge Ebene mit dem Gesicht zur Stange) Bauch und Po anspannen. Rechten Arm hochführen, Handfläche gegen einen gedachten Widerstand drücken. In dieser Spannung mit dem linken Arm den Körper Richtung Haltestange ziehen. Spannung 3 Sekunden halten, langsam in die Mittelstellung zurückgehen, dann die Spannung lösen.

Übungen im Wasser sind anstrengend, auch wenn einem das nicht so vorkommt. Überfordern Sie sich am Anfang nicht, und nutzen Sie eventuell vorhandene Ruheräume, um zwischendurch eine Pause einzulegen.

Aus Übungen im Wasser werden Wasserspiele: Entdecken Sie das Kind in sich, und spielen Sie! Mit einem Ball und einem Partner macht's doppelt Spaß.

Achtung: Beine, Becken, Wirbelsäule und Arm bilden eine Linie. Becken und Schultergürtel zeigen zur Wand.

▸ Vom Beckenrand abrücken, so dass Sie im Zehenstand die Haltestange gerade noch mit den Händen erreichen. Die Hände umfassen die Stange in Schulterbreite. Die Beine schließen und nach hinten strecken, die Füße stehen parallel. Bauch und Po anspannen, Rücken und Knie strecken. Unter Spannung den rechten Arm gestreckt 15 Zentimeter anheben (Hand senkrecht halten) und aus dem Schultergelenk gegen einen gedachten Widerstand nach vorn drücken.

Achtung: Nicht ins Hohlkreuz gehen!

▸ In der Ausgangsstellung wie oben Bauch und Po anspannen. Den rechten Arm gegen einen gedachten Widerstand nach vorn strecken, gleichzeitig das gestreckte linke Bein abheben und die Ferse gegen einen gedachten Widerstand Richtung Boden drücken.

Achtung: Arm und Bein nur etwa 20 Zentimeter abheben, Spannung beibehalten.

Was bei Wassergymnastik zu beachten ist

- Ideal für die Übungen ist ein Bewegungsbad mit einer umlaufenden Haltestange am Beckenrand.
- Die Wassertemperatur sollte maximal 32 bis 33 °C betragen; wärmeres Wasser würde Herz und Kreislauf zu sehr belasten.
- Die Zeit-, Entfernungs- und Wiederholungsangaben sind Richtwerte, an denen Sie sich orientieren können. Was und wie viel Ihnen gut tut, kommt auf Ihre Verfassung an. Das kann mal mehr, mal weniger sein.
- Legen Sie genügend Pausen ein, die Sie mit lockernden Bewegungen ausfüllen, z. B. mit Schütteln der Arme, der Beine und des Schulterbereichs.

Entspannungsübungen

Oft sind Stress oder seelische Konflikte die Hauptursache von Rückenschmerzen. Ist dies bei Ihnen der Fall, sollten Sie unbedingt eine Entspannungstechnik erlernen und in Ihr Programm aufnehmen.

Die progressive Muskelentspannung

Eine sehr erfolgreiche Technik ist die progressive Muskelentspannung. Sie hat im Vergleich zum autogenen Training oder anderen meditativen Techniken, die auf Selbstsuggestion beruhen, einen großen Vorteil: Man kommt viel schneller ans gewünschte Ziel. Der Patient lernt, die Muskeln in einem Körperteil nach dem anderen zunächst stark anzuspannen und dann wieder zu entspannen. Durch den Wechsel von Spannung und Entspannung erlebt man die Entspannung besonders intensiv und kommt in einen Zustand von Ruhe und Gelassenheit.

Wer die progressive Muskelentspannung nicht alleine üben will, findet in vielen Volkshochschulen oder Gymnastikstudios Mitstreiter und Anleitung.

Was beim Üben zu beachten ist

Die Übung dauert etwa 10 bis 15 Minuten. Ziehen Sie sich mit bequemer Kleidung in ein stilles Zimmer zurück, und legen Sie sich entspannt auf den Rücken. Kleine Kissen können den Nacken oder die Knie unterstützen. Die Arme liegen locker neben dem Körper.

- In der Anspannungsphase lenken Sie die Aufmerksamkeit auf die anzuspannende Muskulatur. Spannen Sie die Muskulatur so weit an, wie Ihnen das entstehende Spannungsgefühl noch angenehm ist. Halten Sie die Spannung etwa 7 Sekunden. Während der Anspannung atmen Sie ruhig und gleichmäßig weiter.
- Beginnen Sie die Phase der Entspannung (ca. 30 Sekunden), indem Sie mit der Ausatmung alle Spannung

aus der aktivierten Muskulatur herauslassen. Wie fühlt sich der Zustand der Entspannung an? Welche Unterschiede zum Zustand der Anspannung können Sie feststellen? Wiederholen Sie den Zyklus des Anspannens und Entspannens nochmals, bevor Sie mit Ihren Gedanken zur nächsten Muskelgruppe wandern.

Achten Sie beim Üben sowohl auf eine angenehme Temperatur im Raum als auch auf bequeme Kleidung aus atmungsaktiven Materialien. Synthetikfasern, in denen Sie schwitzen, sollten Sie unbedingt meiden.

Nach der Übungsfolge sollten Sie sich »zurückholen«, indem Sie sich intensiv räkeln und strecken. Auch leichtes Abklopfen des Körpers erfrischt und aktiviert Sie wieder.

Die Übungsfolge

1. Spannen Sie Ihre Zehen so fest an, wie Sie können. Stellen Sie sich dabei vor, dass Sie die Füße zur Faust ballen. Lösen Sie die Spannung.

2. Drücken Sie bei ausgestreckten Beinen Füße und Zehen nach unten. Spüren Sie die Spannung in den Waden? Lösen Sie die Spannung.

3. Spannen Sie gleichzeitig – bei ausgestreckten Beinen – Gesäß- und Oberschenkelmuskeln an. Lösen Sie die Spannung plötzlich.

Konzentrieren Sie sich auf jede einzelne Übung – so entspannen Sie Ihre Muskeln und Ihren ganzen Körper optimal.

4. Spannen Sie Schließmuskel von Blase und Po kurz an, als wollten Sie Wasser und Stuhlgang zurückhalten. Bauch- und Gesäßmuskulatur bleiben dabei entspannt. Lösen Sie die Spannung.

5. Drücken Sie den Bauch so weit nach außen, wie Sie können. Spannen Sie dabei die Bauchmuskulatur an. Lösen Sie die Spannung plötzlich.

6. Machen Sie den Rumpf hart wie ein Brett, ziehen Sie die Schulterblätter zusammen, spannen Sie den Bauch an, und kneifen Sie den Po zusammen.

7. Atmen Sie tief in den Brustraum ein. Dabei die Brust weiten und die Spannung halten. Lösen Sie die Spannung zügig.

8. Ballen Sie Ihre Hände zu Fäusten. Heben Sie die Fäuste in Richtung Oberarme, und spannen Sie die Muskeln der Oberarme an. Lassen Sie anschließend die Arme auf die Unterlage fallen. Drücken Sie die ausgestreckten Arme und Hände gegen die Unterlage, die Handflächen zeigen dabei nach oben. Anschließend entspannen.

9. Ballen Sie die rechte Hand zur Faust. Halten Sie kurz die Spannung. Öffnen Sie anschließend rasch die Faust. Verfahren Sie genauso mit der linken Hand.

10. Beißen Sie die Zähne zusammen, kneifen Sie die Augen zu, spannen Sie die Gesichtsmuskeln an. Stellen Sie sich vor, Sie müssten das Gesicht ganz klein machen. Lockern Sie anschließend die Gesichtsmuskulatur.

11. Spannen Sie alle Muskelgruppen, die Sie trainiert haben, gleichzeitig an. Halten Sie die Spannung kurz. Danach »zurückholen«, räkeln und strecken.

TIPP Sprechen Sie die Anleitungen – mit den entsprechenden Pausen zwischen den einzelnen Übungen – auf eine Kassette. Dann können Sie sich ganz auf Ihren Körper konzentrieren.

Im Handel gibt es Hörkassetten mit Übungen zur progressiven Muskelentspannung. Diese lassen sich allerdings auch leicht selbst herstellen.

Rückenprobleme bei Kindern

Ein Blick in die vollen Wartezimmer der Orthopäden lässt kaum noch Zweifel aufkommen: Immer mehr Kinder und Jugendliche mit Rückenproblemen suchen ärztliche Hilfe. Waren es vor ein paar Jahrzehnten fast ausschließlich Frauen und Männer fortgeschrittenen Lebensalters, die sich mehr oder weniger schmerzgekrümmt in die Arztpraxen schleppten, gehören heute bereits viele 12- bis 16-Jährige zum Patientenstamm der Fachärzte.

Jedes dritte Kind zwischen 7 und 17 Jahren klagt laut einer Studie regelmäßig über Kopf- und Rückenschmerzen.

Hauptursache Bewegungsmangel

Aktuelle Studien belegen den unheilvollen Trend, dass zunehmend auch Heranwachsende von Rückenproblemen betroffen sind. Eine Untersuchung der Aachener Uniklinik ergab, dass von 86 Schulkindern im Alter von etwa zwölf Jahren bereits zwei Drittel eine deutliche Haltungsschwäche hatten.
Die Experten sind sich einig, dass die Hauptursache der Misere im Bewegungsmangel zu sehen ist. Rund zehn bis zwölf Stunden verbringen Schulkinder heute im Sitzen, fast die gleiche Zeit wie ein Erwachsener. Morgens drücken unsere Kids die Schulbank, danach hängen sie stundenlang vor ihren Schularbeiten, vor Computerspielen oder vor dem Fernseher. Dabei wäre es so wichtig, dass die Jungen und Mädchen viel herumtollen, raufen, auf Bäume klettern oder mit dem Ball spielen.
Das Fatale ist nämlich, dass das noch wachsende Skelett Bewegungsarmut und Haltungsfehler besonders krumm nimmt. Wird der Muskel- und Bandapparat der Kinder

Kinder brauchen viel Bewegung. Wanderungen in der freien Natur fördern nicht nur die Entwicklung und die Gesundheit, sondern beugen auch einseitigen Belastungen des Rückens vor.

ständig einseitig beansprucht, erschlaffen bestimmte Muskeln, andere verkürzen und verspannen sich. Der Grundstock für früh einsetzende Wirbelsäulenschäden ist damit gelegt.

Die Sitzmisere in der Schule

Das Klassenzimmer von morgen sollte nach Ansicht der Experten viel abwechslungsreicher gestaltet werden – mit rückenfreundlichen Stühlen, Sitzbällen, Stehhilfen, Turnmatten …

Eine Mitschuld an dieser Entwicklung geben viele Wissenschaftler der Schule. »Lernen scheint für die meisten Erzieher mit ruhigem, diszipliniertem Sitzen verbunden zu sein. (…) Bewegung ist etwas, was nicht sein soll, was den Unterricht stört«, kritisiert die »Aktion Gesunder Rücken e. V.« (AGR).

Auch das Schulmobiliar gerät zunehmend in die Kritik: »An deutschen Schulen herrscht eine Sitzmisere! (…) Was für jeden Büroarbeitsplatz heute mit Selbstverständlichkeit gefordert wird – er muss durch ergonomische Rahmenbedingungen die Gesundheit und das psycho-physische Wohlbefinden des Mitarbeiters erhalten –, wird in der Schule aus Kostengründen und Unkenntnis vernachlässigt.«

Stundenlanges ruhiges Sitzen in der Schule macht nicht nur müde, sondern schadet auch dem Rücken.

Alarmzeichen für Haltungsschäden

Die Schulterblätter treten stark heraus, der Bauch steht vor, der Rücken wird im Sitzen rund, dem Kind fällt es zunehmend schwerer, sich gerade zu halten – das alles können erste Alarmzeichen für einen krankhaften Zustand der Wirbelsäule sein.

Je frühzeitiger erkannt, desto besser können die Rückenprobleme mit Gymnastik und Haltungsübungen behandelt werden. Der folgende Überblick zeigt die häufigsten Haltungsschäden bei Kindern und die entsprechenden Erkennungsmerkmale.

Für Eltern ist es oft nicht einfach, zwischen einer schlaffen Gewohnheitshaltung und einem echten Haltungsschaden zu unterscheiden.

- **Hohlkreuz (Lendenlordose):** Die Hohlwölbung der Lendenwirbelsäule erkennt man am besten, wenn man das stehende Kind von der Seite betrachtet. Im Bereich der Lendenwirbelsäule ist der Rücken eingezogen, der Bauch wird meist etwas herausgestreckt. Ist die Lendenlordose sehr stark ausgeprägt, kann es langfristig zu einer Bandscheibenvorwölbung mit Reizung der Nerven kommen. Auch die Zwischenwirbelgelenke können geschädigt werden.
- **Rundrücken (Brustkyphose):** Eine gestörte Verknöcherung der Wirbel kann ebenso zu einer rundbuckeligen Haltung führen wie das gekrümmte Sitzen über Schularbeiten. Kinder mit Rundrücken stehen schlaff, die Schultern hängen herab, die Schulterblätter treten leicht hervor. Die Behandlung zielt auf eine Stärkung der Rückenmuskulatur durch Schwimmen und Gymnastik bzw. Haltungsübungen. Die richtige Tisch- und Stuhlhöhe für die Kinder ist Voraussetzung für eine erfolgreiche Haltungskorrektur.
- **Sitzbuckel (Sitzkyphose):** Die häufigste Haltungsschwäche bei Kindern zeigt sich oft nur im Sitzen (im Stehen fällt die Sitzkyphose meist nicht auf). Dann bil-

Wenn Haltungsschäden bereits in der Kleinkindphase erkennbar sind, spielen meist auch Erbfaktoren eine Rolle.

det sich ein mehr oder weniger großer Buckel heraus. Ursache ist in der Regel das zu frühe Sitzen des Kleinkindes und eine schlaffe Rückenmuskulatur. Die Gefahren: Rückenschmerzen, die oft erst im Erwachsenenalter auftreten.

- **Flachrücken:** Für den Laien ist der Flachrücken kaum als Haltungsschaden erkennbar, denn das Kind steht gerade, es hat weder einen Buckel und noch ein Hohlkreuz. Es fehlen jedoch die leichten S-förmigen Krümmungen, die jede Wirbelsäule aufweisen sollte, um Stöße abzufedern. Und hier liegt der wunde Punkt des Flachrückens: Er wird bei jedem Schritt gestaucht und nutzt sich somit schneller ab. Ziel einer Krankengymnastik ist vor allem die Kräftigung und Beweglichkeit des Rumpfes. Sinnvoll sind zudem Stemm- und Stützübungen für die Schulterblattmuskulatur.
- **Seitliche Wirbelsäulenverbiegung (Skoliose):** Sie kann sowohl angeboren als auch erworben sein. Besonders Mädchen in der Wachstumsphase sind davon betroffen. Eltern erkennen eine Skoliose am besten, wenn sich das Kind locker nach vorn beugt. Dann heben sich selbst leichte Verformungen reliefartig auf dem Rücken ab. In der Jugend verspüren die Betroffenen meist keine Schmerzen. Probleme gibt es aber oft im Alter, wenn sich die Wirbelkörper gegeneinander verschieben. Wichtig ist bei den ersten Anzeichen eine Untersuchung beim Orthopäden. In schweren Fällen helfen nur ein Stützkorsett oder eine Operation. Bei einer operativen Korrektur liegt die Erfolgsquote bei 50 bis 60 Prozent.

Krankengymnastik kann eine Skoliose stoppen oder sie sogar korrigieren. Da sie aber unter Anleitung eines Krankengymnasten oder Orthopäden erfolgen sollte, haben wir auf spezielle Übungen bei diesem Krankheitsbild verzichtet.

Worauf Eltern achten sollten

▸ Verschnüren Sie Ihren Säugling nicht wie ein Paket. Berücksichtigen Sie bei der Kleidung des Kindes von Anfang an den natürlichen Bewegungsdrang, und ziehen Sie ihm nichts an, das es einengt.

▸ Werden Sie nicht ungeduldig, wenn Ihr Kind sich mit den ersten Gehversuchen Zeit lässt. Gerade die Kriech- und Krabbelphase ist für die Kleinen wichtig. Versuchen Sie nicht, das Kind durch Hochziehen oder Hochhalten der Arme zum Laufen zu bewegen.

Das kindliche Skelett wächst in den ersten beiden Lebensjahren und in der Pubertät besonders schnell und braucht in diesen Zeiten ausreichend Vitamin D, um Verformungen der Knochen zu vermeiden.

▸ Zwingen Sie das Kleinkind nicht zum stundenlangen Sitzen im Auto. Skelett und Muskulatur sind auf solche Belastungen noch nicht vorbereitet.

▸ Sperren Sie Ihr Kind nicht für längere Zeit im Laufstall ein. Der enge Raum wird dem enormen Bewegungsdrang des Kleinkindes in keiner Weise gerecht. Nachgiebige netzgeflochtene Wände verleiten zum Anlehnen, wobei sich schnell ein Sitzbuckel herausbilden kann.

▸ Der Schulweg hat für die körperliche Entwicklung Ihres Kindes eine wichtige Funktion. Eltern, die ihre Kinder täglich mit dem Auto von der Schule abholen, handeln oft aus falscher Fürsorge.

▸ Ein Schulranzen ist – wenn er nicht zu tief auf dem Rücken hängt – allemal besser als eine Schultasche. Damit der Ranzen nicht zu schwer wird, sollte er öfter mal entrümpelt werden.

▸ Achten Sie auf das Gewicht Ihres Kindes. Dicke Kinder haben häufig Rückenprobleme, weil ihnen die stützende Kraft einer gut entwickelten Muskulatur fehlt.

▸ Die Körperhaltung hat auch etwas mit der seelischen Verfassung des Kindes zu tun: Ein aufrechter Gang setzt inneren Halt und Selbstbewusstsein voraus.

Übungen für kleine Kinder

Um Kindern Rückengymnastik schmackhaft zu machen, müssen sich Eltern schon etwas einfallen lassen. So ernsthaft und ausdauernd wie Erwachsene sind die Kinder – zumal die ganz Kleinen – kaum bei der Sache. Sprechen Sie die Phantasie und die Spontaneität der Kinder an, indem Sie die Übungen in eine kleine Erlebnisgeschichte verpacken, wie das folgende Beispiel zeigt. Indem die Kinder verschiedene Tiere nachahmen, werden ganz nebenbei wichtige Muskelgruppen gedehnt, gekräftigt und entspannt.

Anders als früher, als die Kinder ohne weiteres draußen vor dem Haus spielen und toben konnten, müssen die Eltern heute schon bei den Kleinen bewusst auf ausreichende Bewegung achten.

»Spaziergang durch den Zoo«

1. Der kleine Affe hüpft aufgeregt in seinem Gehege umher, denn in wenigen Minuten wird der Zoo geöffnet. Er läuft schnell durch den Zoo, um nachzusehen, ob alle Tiere bereits wach und munter sind.
Dazu passt die Aufwärmübung: Im Stehen die Arme nach oben, zur Seite und nach unten bewegen, dabei auf der Stelle laufen oder in den Knien leicht federn.

2. Die Katze ist gerade aufgewacht und streckt sich. Zwischendurch macht sie den Rücken rund und muss dabei kräftig gähnen. Aber gleich ist sie wach.
Dazu passt die Dehnübung für die Brust-, Bauch- und Rückenmuskulatur: Im Vierfüßlerstand im Wechsel den Rücken rund und wieder flach machen.

3. Als der Affe zum Vogelkäfig kommt, flattert ein Vogelpaar aufgeregt. In seinem Nest liegen Eier, und aus einem schaut schon ein Beinchen hervor.
Dazu passt die Dehnübung für die Rückenmuskulatur: In der Rückenlage jeweils ein Bein (später beide Beine) umfassen und zum Bauch ziehen. Den Kopf dabei leicht anheben.

4. Durch das Gezeter der Vögel ist der kleine Maikäfer vor Schreck vom Blatt gefallen. Aber ein paar Mal kräftig mit den Beinen gestrampelt, und er kommt schnell wieder zum Stehen.
Dazu passt die Kräftigungsübung für die Bauchmuskulatur: In der Rückenlage Arme und Beine anheben und im Wechsel vor- und rückwärts bewegen. Kopf dabei möglichst leicht anheben.

5. Als der kleine Affe beim Krokodil ankommt, sieht er, wie es sich langsam und gemächlich zum Bad in den Teich begibt.
Dazu passt die Kräftigungsübung für die Rückenmuskulatur: Flach auf den Bauch legen. Bauch- und Pomuskeln fest anspannen. Kopf und Arme leicht anheben. Arme im Wechsel vor- und zurückbewegen.

Mit mehreren Kindern machen diese Übungen noch viel mehr Spaß. Ihr Kind könnte Freunde dazu einladen.

6. Die Schnecke zieht sich verschreckt in ihr Häuschen zurück, als der kleine Affe neben ihr landet.
Dazu passt die Entspannungsübung: Im Fersensitz die Stirn vor den Knien ablegen. Arme neben dem Körper ablegen, ruhig und entspannt weiteratmen.

7. Im Gegensatz zu den anderen Tiere ist der kleine Leopard bereits putzmunter und leckt gerade seinen Fressnapf leer.
Dazu passt die Kräftigungsübung für die Brust- und Armmuskulatur: Im Vierfüßlerstand den Oberkörper bis knapp über den Boden absenken. Parallel zur Unterlage weit nach vorn schieben, dort wieder aufrichten, Hände und Knie bleiben bei dieser Übung fixiert, also fest auf dem Boden.

8. Der Storch steht auf einem Bein im Tümpel und begrüßt den kleinen Affen mit lautem Schnabelgeklapper.
Dazu passt die Kräftigungsübung für die Hüftmuskulatur: In der Seitenlage wird jeweils das obere Bein mit angezogener Fußspitze auf- und abbewegt.

Lassen Sie sich beim nächsten Tierparkbesuch zusammen mit Ihrem Kind weitere Varianten für dieses Spiel einfallen!

9. Der Fuchs streunt durch den Zoo. Er sucht sein Frühstück, aber was?

Dazu passt die Kräftigungsübung für die Rückenstreck- und Pomuskulatur: Im Vierfüßlerstand werden diagonal ein Bein und ein Arm bis maximal zur Waagerechten gestreckt.

10. Das Frühstück scheint der Bär bereits gehabt zu haben. Er liegt nämlich schon wieder faul und träge in seinem Gehege und ruht sich aus.

Dazu passt die Entspannungsübung: In der Rückenlage die Beine entweder nach oben strecken oder gegen eine Wand stellen. Die Arme liegen U-förmig neben dem Kopf.

Das sollten Sie beim Üben beachten

- Die Übungen haben das Ziel, spielerisch und kindgerecht Gesundheit zu fördern. Nicht die Leistung steht dabei im Vordergrund, sondern gemeinsames Tun ohne Zwang. Am besten ist es, wenn sich Mutter oder Vater an den Übungen beteiligen.
- Die Kräftigungsübungen langsam dynamisch 10- bis 20-mal wiederholen und regelmäßig 2 bis 3 Durchgänge absolvieren.
- Im Gegensatz zur Erwachsenenmuskulatur sind gehaltene Dehnungen für den kindlichen Muskel noch nicht geeignet. Deshalb werden die Dehnübungen langsam und leicht nachfedernd 15 bis 20 Sekunden lang durchgeführt (2 bis 3 Wiederholungen).
- Die Zeitdauer der Entspannungsübung allmählich ausdehnen, beginnend bei 1 oder 2 Minuten bis etwa 5 Minuten. Die Aufmerksamkeit des Kindes dabei auf die Atmung, auf den Herzschlag oder auf die Auflagepunkte des Körpers am Boden lenken.

Gymnastikprogramm für Schulkinder

Bei größeren Kindern ist bereits eine gewisse Übungsdisziplin möglich. Dennoch steht und fällt der Trainingserfolg natürlich auch bei Schulkindern damit, dass die Sache ihnen Spass macht. Deshalb am besten mit mehreren Kindern üben!

Die Übungen bei Hohlkreuz

Die Übungen haben das Ziel, die Rumpfmuskulatur zu kräftigen und zudem die Beweglichkeit der Wirbelsäule zu fördern.

Rücken gegen den Boden drücken

▸ **Ausgangsposition:** Das Kind liegt mit angestellten Beinen auf dem Rücken.

▸ **Ausführung:** Das Kreuz kräftig gegen den Boden drücken, die Spannung einige Sekunden halten, dann langsam lösen. Anschließend mit lang ausgestreckten Beinen den Rücken gegen den Boden pressen, Spannung halten und lösen (jeweils 2 Serien mit je 10 Wiederholungen).

Beim »Radfahren« muss darauf geachtet werden, dass die Lendenwirbelsäule nicht vom Boden abhebt. Das ist umso schwieriger, je flacher die Beine ausgestreckt werden.

Rad fahren in der Luft

▸ **Ausgangsposition:** Das Kind liegt auf dem Rücken, der Kopf wird mit einem flachen Kissen gestützt.

▸ **Ausführung:** In der Luft mit den Beinen Rad fahren. Ganz langsam die Beine bis kurz über dem Boden absenken, wobei auch die Tretbewegungen immer langsamer werden. Anschließend die Beine wieder allmählich in die Höhe zurückführen und schneller treten. Zum Schluss die Beine nach oben ausstrecken, langsam zum Boden zurückführen und ablegen. Der Rücken darf dabei nicht hohl werden!

Becken vom Boden abheben

▶ **Ausgangsposition:** Das Kind liegt auf dem Rücken, die Beine sind nach oben gestreckt (Unter- und Oberschenkel im 90-Grad-Winkel). Die Arme drücken auf die Unterlage, die Handinnenflächen zeigen nach oben.

▶ **Ausführung:** Die Knie minimal senkrecht nach oben anheben, wobei sich das Becken leicht vom Boden löst. Spannung 5 Sekunden halten, dann in die Ausgangsposition zurückgehen. Dann stellt sich die Mutter/der Vater hinter den Kopf des Kindes. Das Kind umfasst mit den Händen die Fußgelenke und hebt sein Becken mit kerzengerade nach oben gestreckten Beinen vom Boden ab. Achten Sie darauf, dass der Rücken des Kindes möglichst gerade bleibt. 8 bis 10 Wiederholungen.

Für viele Kinder ist Rückengymnastik auch zugleich Spass an der Bewegung. Durch wechselnde Übungen und variierende Hilfsmittel, wie z. B. dem Gymnastikball, bleibt die Freude am regelmäßigen Üben erhalten.

Die Übungen bei Rundrücken

Die Übungen haben das Ziel, die vorderen Brustmuskeln zu dehnen und die Rückenstrecker (die Wirbelsäulenaufrichter) zu kräftigen. Außerdem wird die Beweglichkeit der Wirbelsäule gefördert.

Dehnung in der Bauchlage

▶ **Ausgangsposition:** Das Kind liegt auf dem Bauch, die Arme sind nach vorn gestreckt.

▶ **Ausführung:** Arme und Beine so lang wie möglich machen und etwas vom Boden abheben. Diese Spannung 5 Sekunden halten, dann Arme und Beine wieder flachlegen. Nach 10 Wiederholungen erfolgt die Dehnung in der Diagonalen: Rechten Arm und linkes Bein vom Boden abheben, 5 Sekunden die Spannung halten, senken, Seite wechseln. 10 Wiederholungen.

Achtung: Kinder mit verkürzter Brustmuskulatur gehen bei dieser Übung leicht ins Hohlkreuz. Deshalb ist es ratsam, ein Kissen unter den Bauch zu legen.

Vorwärtsbeugen über eine Rolle

- **Ausgangsposition:** Das Kind sitzt aufrecht auf einem Stuhl, die Füße stehen leicht auseinander. Auf dem Schoß liegt quer ein dickes Kissen oder Polster.
- **Ausführung:** Das Kind rollt sich nach vorn ein (Katzenbuckel!) und versucht mit den Fingern – besser noch mit den ganzen Händen –, den Boden neben den Füßen zu erreichen. In dieser Dehnstellung 5 Sekunden verharren, dann den Oberkörper langsam zurückführen. 10 Wiederholungen. Auch diese Übung ist sehr wirkungsvoll, um die Brustwirbelsäule beweglicher zu machen.

Diese Übung ist sehr wirkungsvoll, um die Brustwirbelsäule beweglicher zu machen.

Aufrichten gegen Widerstand

- **Ausgangsposition:** Das Kind hockt im Schneidersitz auf dem Boden, die Hände im Nacken gefaltet.
- **Ausführung:** Mutter/Vater steht hinter dem Kind und drückt leicht gegen die Ellenbogen. Dann beugt sich das Kind weit nach vorn und richtet sich langsam gegen den Widerstand bis zur vollen Streckung auf.

Die Übungen bei Sitzbuckel

Wichtigstes Ziel der folgenden Übungen ist die Kräftigung der tiefen Hüftbeugemuskeln (Iliopsoas), eine Dehnung der an den Beinrückseiten entlanglaufenden Muskeln (Ischiocruralen) sowie eine allgemeine Stärkung der Rückenmuskulatur.

»Entfalten« aus dem Fersensitz

- **Ausgangsposition:** Das Kind sitzt zusammengekauert auf den Fersen. Der Kopf liegt auf den Knien, die Arme neben dem Körper.
- **Ausführung:** Das Kind »entfaltet« sich wie eine Blütenknospe in der warmen Morgensonne: Der Kopf hebt

sich, die Arme strecken sich nach hinten und ziehen die Schultern zurück, Hände und Finger sind gestreckt, die Handflächen zeigen nach innen. Der Po hebt sich leicht von den Fersen ab, während sich der Rücken gerade aufrichtet (Vorsicht: Hohlkreuzgefahr!). Diese Spannung etwa 5 bis 10 Sekunden lang halten, dann wieder entspannt in die Ausgangsposition zurücksinken. Ebenfalls 10 Wiederholungen.

Achten Sie bei den Schularbeiten zu Hause darauf, dass Ihr Kind sich zwischendurch immer mal wieder Bewegung verschafft.

Im Grätschsitz tief herunterbeugen

- **Ausgangsposition:** Das Kind sitzt mit gegrätschten Beinen auf dem Boden.
- **Ausführung:** Den Rücken strecken, beide Arme heben und abwechselnd mit beiden Händen mal den linken, mal den rechten Fuß berühren. Bei jedem Seitenwechsel kerzengerade aufrichten. Das Becken wird beim Herunterbeugen weit vorgezogen. 2 Serien mit jeweils 10 Wiederholungen.

Im Grätschsitz nach vorn rutschen

- **Ausgangsposition:** Das Kind sitzt mit gegrätschten Beinen auf dem Boden, die Hände sind im Nacken gefaltet.
- **Ausführung:** Das Kind rutscht mit gestrecktem Rücken vorwärts, indem abwechselnd Becken und Hüfte der linken Seite, dann der rechten Seite nach vorn geschoben werden. Achten Sie darauf, dass der Rücken immer gerade bleibt.

Die Übungen bei Flachrücken

Bei diesem Haltungsschaden sollte versucht werden, den Rumpf so beweglich wie möglich zu erhalten. Wichtig ist zudem eine Kräftigung der Rückenmuskulatur speziell im Bereich der oberen Brustwirbelsäule.

Knie anheben im Vierfüßlerstand

▸ **Ausgangsposition:** Das Kind stützt sich im Vierfüßlerstand auf Unterarme und Knie. Rumpf und Oberschenkel bilden einen Winkel von 90 Grad.

▸ **Ausführung:** Die Knie etwa 1 Zentimeter vom Boden abheben, dabei in den Zehenstand gehen. Rücken und Nacken dabei gerade halten, ruhig und gleichmäßig weiteratmen. Nach etwa 10 Sekunden vorsichtig absetzen. 2 bis 3 Serien mit jeweils 10 Wiederholungen.

Eine Übung mit dem Gymnastikball: Das Kind drückt im Stehen mit dem Rücken den Ball gegen eine Wand und rollt ihn auf und ab.

Arme abwechselnd zur Decke strecken

▸ **Ausgangsposition:** Das Kind liegt auf dem Rücken. Die Beine werden leicht gegrätscht und etwas zum Po gezogen. Ober- und Unterschenkel bilden einen rechten Winkel. Die Füße steht nur mit den Fersen auf dem Boden.

▸ **Ausführung:** Abwechselnd einen Arm senkrecht zur Decke strecken. Der Rumpf bleibt auf dem Boden liegen, nur Kopf und Schultergürtel anheben. Der Blick ist Richtung Decke gerichtet. 3 Serien mit jeweils 20 Streckungen.

Im Sitzen Spannung aufbauen

▸ **Ausgangsposition:** Das Kind sitzt auf dem Boden, die geschlossenen Beine werden etwas zum Körper gezogen, der Oberkörper ist möglichst gerade.

▸ **Ausführung:** Möglichst viele Muskelgruppen – speziell im Rumpf- und Beinbereich – anspannen. Knie zum Bauch ziehen, die Füße heben vom Boden ab, Zehen gehen Richtung Schienbein. Der Oberkörper bleibt möglichst gerade. Ruhig und gleichmäßig weiteratmen. Die Spannung etwa 5 Sekunden halten, dann in die Ausgangsposition zurückgehen und entspannen. 2 Serien mit 6 Wiederholungen.

Hilfe bei chronischen Rückenschmerzen

Wenn der Rückenschmerz länger als ein halbes Jahr andauert, sprechen die Mediziner von einem chronischen Leiden. Über eine Million Bundesbürger sind von ständigen Schmerzen geplagt, schätzt die Deutsche Schmerzhilfe – Tendenz steigend.
Um den Ursachen chronischer Schmerzen auf den Grund zu gehen, um wirksame Behandlungskonzepte zu entwickeln, müsste sich ein Arzt viel Zeit nehmen – leicht gesagt, wenn das Wartezimmer voll ist. Und so verlässt der Patient häufig mit dem x-ten Rezept über ein Schmerzmittel die Praxis.

Medikamentöse Behandlungen sollen helfen, akute Schmerzen zu überwinden und Verspannungen zu lösen. Dauerhaft werden Rückenschmerzen aber nur durch geeignete gymnastische und sportliche Aktivitäten verschwinden.

Wirksame Naturheilverfahren

Dabei gibt es – neben dem Einsatz wirksamer Schmerzmittel und Antidepressiva – neue Wege aus dem Tal der Tränen. Dazu gehören die Naturheilverfahren, von denen wir nachfolgend einige vorstellen.

Elektrische Nervenstimulation (TENS)

Bei dieser Elektrotherapie werden Nerven bzw. Nervenknoten mit sehr schnellen oder sehr langsam schwingenden Strömen gereizt. Ein dünnes Kabel verbindet einen Miniakku mit kleinen auf der Haut angelegten Elektroden, die schwache Impulse in das Schmerzgebiet senden. Die TENS-Geräte können Patienten in der Arztpraxis ausprobieren. Meist stellt sich schon nach wenigen Minuten eine durchblutungsfördernde und schmerzlindernde Wirkung ein.

Auch Yoga – hier der Lotussitz – fördert die Beweglichkeit und beugt Rückenleiden vor.

Iontophorese

Diese Gleichstromtherapie verspricht bei besonders hartnäckigen Schmerzen Linderung. Dem Patienten werden verschiedene Medikamente auf die Haut »gepflanzt«, darüber wird eine Elektrode geklebt. Die galvanischen Ströme sorgen dafür, dass Wirkstoffe des Präparats durch die intakte Haut in besonders tiefe Gewebeschichten transportiert werden und den Schmerz direkt angreifen.

Da die Wirksamkeit abhängig ist von Medikamentenmenge, Größe der Elektrode, Stromstärke und Stromflusszeit, sollten nur erfahrene Therapeuten die Iontophorese anwenden.

Therapeutische Lokalanästhesie (TLA)

Bei dieser Behandlungsmethode spritzt der Arzt ein Betäubungsmittel in den Nervenstrang entlang der Wirbelsäule, um Schmerzbahnen zu blockieren. Drückt beispielsweise eine vorgewölbte Bandscheibe auf eine Nervenwurzel im Rücken und löst Ischiasbeschwerden im Bein aus, spritzt der Arzt das Medikament direkt an die Nervenwurzel. Beim so genannten Quaddeln wird das betäubende Mittel – aufgeteilt auf mehrere Einstiche – knapp unter die Haut injiziert. Ziel ist, den Teufelskreis aus Muskelverspannung und Schmerzen zu durchbrechen und eine dauerhafte Schmerzlinderung zu erreichen.

Akupunktur

Noch vor wenigen Jahrzehnten stieß die fernöstliche Nadelkunst bei vielen Schulmedizinern auf Skepsis. Inzwischen gilt Akupunktur als anerkannte Therapieform speziell bei Rückenschmerzen. Ein guter Therapeut wird immer zunächst eine exakte Diagnose stellen, bevor er seine hauchdünnen Nadeln in genau festgelegte Hautpunkte sticht. Die Nadeln bleiben etwa 10 bis 30 Minuten im Körper. Ob die schmerzlindernde Wir-

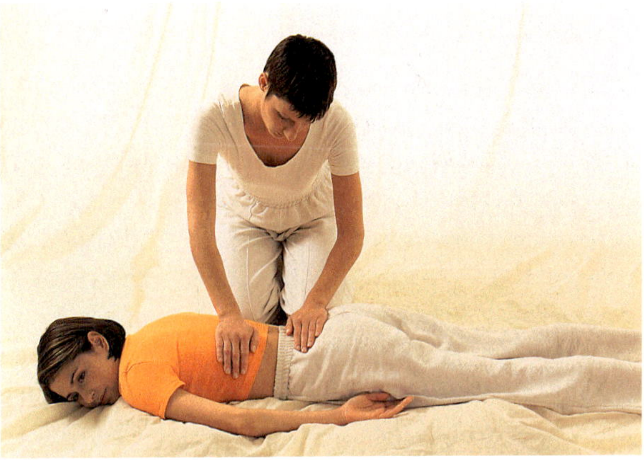

Die fernöstlichen Massagetechniken sind äußerst hilfreich bei Muskelverspannungen und daraus resultierenden Rückenschmerzen. Zudem entspannen sie auf angenehme Weise.

kung durch Endorphine (körpereigene Stoffe) eintritt oder durch die Unterdrückung von Schmerzreizen, ist wissenschaftlich noch nicht restlos geklärt.

Bei der Elektroakupunktur werden auf die Nadeln kleine Elektroden geklemmt, die schwache elektrische Impulse in das Schmerzgebiet senden. Dadurch wird die Akupunkturreizung noch verstärkt.

Eine Akupunkturbehandlung erfordert Geduld. Ob sich ein Heilerfolg einstellt, kann erst nach 10 bis 20 Sitzungen, die ein- bis dreimal pro Woche stattfinden sollten, gesagt werden.

Akupressur und Shiatsu

Die Massagetechniken aus China (Akupressur) und Japan (Shiatsu) sollen Stauungen auflösen, die den Fluss der Lebensenergie behindern. Selbst wenn chronische Schmerzen durch die Behandlung nicht restlos verschwinden, so werden sie doch spürbar gelindert. Die Massage mit Fingerkuppen (Akupressur) oder mit Händen, Ellenbogen und Füßen (Shiatsu) sollte am besten ein erfahrener Akupresseur oder Heilpraktiker übernehmen. Viele der Handgriffe kann man aber auch selbst anwenden. Mit gleichmäßig kreisenden Bewegungen werden Areale rund um Schmerz- und Akupunkturpunkte massiert.

Hilfsprogramme für Körper und Seele

Für Schmerzpatienten gibt es inzwischen viele professionelle Anlaufstellen. Auch der Gedankenaustausch mit anderen hilft, das eigene Leiden leichter zu ertragen.

Wenn der Leidensdruck übergroß ist und weder Pillen noch sonstige Heilverfahren anschlagen, wird Ihr Arzt vielleicht eine Behandlung in einer Schmerzklinik oder ambulanten Therapieeinrichtung vorschlagen. Dort erwartet den Patienten ein komplexes Rehabilitationsprogramm, das aus heutiger Sicht am meisten Hilfe verspricht. Folgender Grundgedanke steckt dahinter: Menschen mit chronischen Rückenschmerzen vermeiden oft aus Angst vor dem Schmerz alle Bewegungen, die Schmerzen auslösen können. Daraufhin werden sie im Lauf der Zeit immer unbeweglicher und weniger belastbar in Bezug auf die täglichen Aktivitäten.
Eine komplexe Rehabilitation hat zum Ziel, die Kranken bei der Angstbewältigung zu unterstützen sowie ihre körperliche Belastbarkeit zu steigern. Die Trainingsprogramme beinhalten in der Regel Haltungstraining, Entspannungsübungen, Krankengymnastik, Ausdauer- und Krafttraining, Gruppendiskussionen und zahlreiche andere Strategien zur Schmerzbewältigung (z. B. Genussübungen, Tastspiele, Malen in der Gruppe usw.). Die Ergebnisse einer kontrollierten Studie waren sehr ermutigend, was den Erfolg einer solchen Klinikbehandlung angeht.

Kurse zur Schmerzbewältigung

Krankenkassen und Organisationen wie die Deutsche Schmerzliga e.V. oder die Deutsche Schmerzhilfe e.V. bieten in vielen Städten Kurse an. Auf regelmäßigen Treffen unter fachlicher Anleitung lernen die Teilnehmer, mit ihren Schmerzen besser fertig zu werden. Nähere Informationen erhalten Sie von Ihrer Krankenkasse oder von Ihrem Hausarzt.

Warum sich ein Schmerzprotokoll lohnt

Viele Schmerzpatienten haben mit einem Schmerzprotokoll gute Erfahrungen gemacht. Sie notieren darin mehrmals am Tag die jeweilige Stärke des Schmerzes und beantworten Fragen zum Tagesgeschehen. Festgehalten werden beispielsweise Stresssituationen wie unangenehme Besuche oder Anrufe, Ablenkungen, erfreuliche Ereignisse, die Einnahme von Medikamenten, der tägliche Speiseplan usw. Durch diese Selbstbeobachtung erfährt man, welche Einflüsse den Schmerz verstärken und welche ihn leichter ertragen lassen. Gemeinsam mit dem Arzt kann so ein Therapieplan aufgestellt werden.

Für Schmerzprotokolle gibt es Vordrucke, die z. B. bei Schmerzkursen ausgegeben werden. Man kann sich aber auch ein eigenes Schmerzprotokoll (für jeden Tag ein Blatt) anlegen, das folgende Eintragungen enthalten sollte:

- Schmerzdauer in Stunden am Morgen (bis 12 Uhr), am Nachmittag (bis 18 Uhr) und am Abend (18 bis 24 Uhr)
- Durchschnittliche Schmerzstärke (von 1 bis 5). Stufe 1: kein Schmerz. Stufe 2: mäßiger Schmerz – wird bei Ablenkung nicht wahrgenommen. Stufe 3: mittelstarker Schmerz – behindert das Gehen und das Einschlafen. Stufe 4: starker Schmerz – das Denken kreist hauptsächlich um den Schmerz. Gefühl der Hilflosigkeit. Stufe 5: extrem starker Schmerz – der Kranke möchte am liebsten schreien, wird depressiv
- Welche Medikamente wurden eingenommen (Dosis, Menge, Uhrzeit)?
- Andere medizinische Maßnahmen (beispielsweise Entspannungsübungen, heiße Bäder)
- In welchem Ausmaß fühlten Sie sich heute durch die Schmerzen in Ihrer Stimmung beeinträchtigt? (Skala von 1 bis 10; 1 = gar nicht, 10 = sehr stark)
- In welchen Situationen traten die Schmerzen verstärkt auf?
- Was konnten Sie heute nicht tun?
- Was hat Sie heute außer den Schmerzen noch negativ beeinflusst (Ärger, Angst, Sorgen usw.) ?
- Mit welchen Aktivitäten haben Sie selbst Einfluss auf Ihre Schmerzen nehmen können (Schwimmbad, Kino, Theater, sportliche Betätigungen usw.)?

Schnelle Hilfe im Akutfall

Bei einem Bandscheibenvorfall oder Hexenschuss sind die Schmerzen so heftig, dass sich eine Krankengymnastik von selbst ausschließt. Neben heißen Bädern und schmerzstillenden Medikamenten haben sich verschiedene Entlastungslagerungen als recht wirkungsvoll erwiesen. Ziel ist es dabei, die eingeengten Rückenmarksnerven vom Druck zu befreien. Auch eine Partnermassage und Streckübungen können die Schmerzen lindern. Als eine weitere Möglichkeit der Akuthilfe stellen wie Ihnen die »heiße Rolle« vor.

Stufenlagerung

Eine Stufenlagerung über einen längeren Zeitraum kann sogar bei einem frischen Bandscheibenvorfall wesentlich zur akuten Schmerzlinderung und zur Heilung beitragen. Viele Patienten sind nach einigen Wochen beschwerdefrei und kommen um eine Operation herum.

Legen Sie sich vorsichtig auf den flachen Rücken, und lagern Sie die angezogenen Beine auf einem Würfel, Hocker, Stuhl oder Kissen. Zwischen Unterschenkeln und Oberschenkeln sowie zwischen Oberschenkeln und Hüften sollte sich jeweils ein Winkel von ungefähr 90 Grad ergeben. Die Arme liegen locker neben dem Körper. Man kann bei dieser Lagerung zusätzlich ein flaches Kissen unter die Lendenwirbelsäule schieben, dann ist der Heilungserfolg eventuell noch etwas größer.

Entlastungslagerung mit Rolle oder Kissen

Eine Alternative ist die folgende Entlastungslagerung, zu der Sie eine Rolle oder ein Kissen benötigen. Ausgangsposition ist die stabile Seitenlage mit angezogenen Beinen. Die Körperseite, auf der Sie die größten Schmerzen verspüren, liegt oben. Die Rolle oder das Kissen wird unter die Taille der nicht betroffenen Seite geschoben.

- **ACHTUNG:** Prüfen Sie, welche Lagerung Ihnen mehr Linderung verschafft. Die beiden Liegehaltungen helfen übrigens auch bei Arthrose der kleinen Wirbelgelenke. Abbrechen, wenn stärkere Schmerzen auftreten!

Hängeschaukel

Testen Sie auch mal die »Hängeschaukel«. Legen Sie die Unterschenkel bis zum Kniegelenk parallel auf einen niedrigen Couchtisch, während Sie den Rücken etwa bis zur Hälfte auf dem Sofa lagern. Mit den Unterarmen abstützen. Der Po sollte ganz locker in der Luft »durchhängen«. Abbrechen, wenn die Schmerzen nicht spürbar nachlassen.

Partnermassage

Der Schmerzpatient legt sich mit angewinkelten Beinen auf die Seite, während der Partner um den Schmerzpunkt herum sanft massiert. Anschließend binden Sie ein nasses, warmes Handtuch um den unteren Rücken und setzen sich im Abstand von etwa einem halben Meter vor eine Rotlichtlampe. Die Wärme weitet die Blutgefäße und sorgt für eine weitere Entspannung der Muskeln.

Klimmzug bei Blockierungen der Wirbelgelenke

Folgende Übung sollten Sie bei Blockierungen von Wirbelgelenken ausprobieren; vom Arzt muss aber vorher mit Sicherheit ein Bandscheibenvorfall ausgeschlossen sein.
Vielleicht können Sie in einem Zimmer eine Turnstange waagerecht unter der Decke anbringen, oder in Ihrem Garten ist eine Teppichklopfstange aufgebaut. Sie sollte so hoch sein, dass man sie gerade noch mit den Händen erreicht, wenn man sich auf die Zehenspitzen stellt. Ein Trapez an einem Haken unter der Kellerdecke erfüllt den gleichen Zweck. Versuchen Sie einen Klimmzug. D. h.: Sie ziehen sich vorsichtig ein paar Zentimeter hoch und lassen sich – bei entspannter Muskulatur – in die Hängelage zurückfallen. Abbrechen, wenn die Schmerzen stärker werden. Ansonsten täglich wiederholen.

Heiße Rolle

Schmerzen lindern mit Tiefenwärme – die heiße Rolle ist ein wirksames Verfahren bei chronischen Schmerzzuständen der Wirbelsäule, speziell beim

Schön wie ein mittelalterliches Kunstwerk: eine Detailaufnahme der Wirbelsäule.

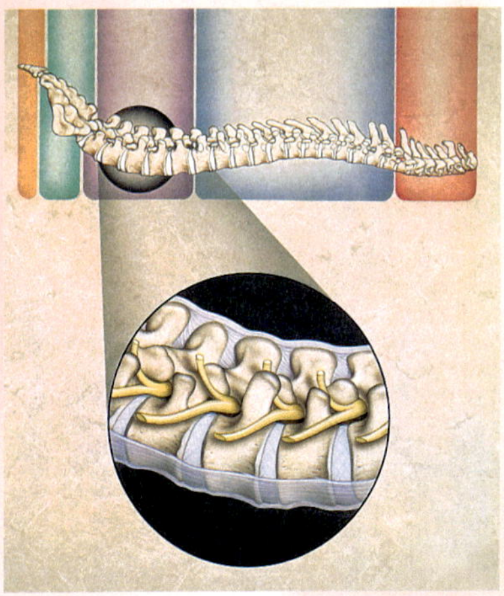

Halswirbelsäulen-Syndrom, dem Lendenwirbelsäulen-Syndrom und dem Schulter-Arm-Syndrom.

Der schmerzlinderne Effekt geht auf eine Tiefenerwärmung zurück, die umso stärker empfunden wird, je ausgeprägter die Funktionsstörung ist. Wahrscheinlich wird diese Tiefenerwärmung durch die Koppelung von feuchter Wärme und Massageeinwirkung erreicht. Eine Besonderheit der heißen Rolle ist die Nachwärme. Die Patienten haben oft für ein, zwei Stunden ein angenehmes Gefühl der Durchwärmung.

Vorsicht!

Bei folgenden Krankheitsbildern sollte die heiße Rolle in keinem Fall angewendet werden:

- Akute Gallenblasenerkrankungen, -entzündungen und Koliken
- Akute asthmatische Beschwerden
- Zustände nach Kopf- und Gehirnverletzungen
- Periphere Durchblutungsstörungen und »offene Beine«

Die Anfertigung der heißen Rolle

Man benötigt vier mittelstarke Frottiertücher und etwa zwei Liter kochend heißes Wasser. Es ist wichtig, dass Sie Frottierstoff nehmen, denn das Baumwollgewebe kann ein Vielfaches seines Gewichts an Wasser aufnehmen und eignet sich besonders gut als Wärmeträger.

Drei Frottierhandtücher werden der Länge nach gefaltet. Das erste Handtuch wird etwas schräg und möglichst fest aufgewickelt, so dass sich an der Faltkante des Tuchs eine spiralförmige Spitze herausbildet. Dadurch entsteht nämlich an der Gegenseite ein kleiner Trichter.

Das zweite Tuch wird in der gleichen Weise um das erste gewickelt, damit sich der Trichter noch weiter vergrößert.

Das dritte Tuch wird dann zylindrisch um die beiden ersten gewickelt (Seite mit der Falte um den Trichterrand). Der Trichter wird also nicht weiter vertieft. Achten Sie darauf, dass die gesamte Rolle sehr straff gewickelt ist. Je lockerer die Rolle, desto größer die Wärmeverluste. Die Rolle muss von dem Behandler (Familienmitglied, Freund/Freundin) gut umfasst werden können.

Nun wird das heiße Wasser langsam in die Mitte des Trichters gegossen. Das Wasser soll von innen nach außen durch die Tücher restlos aufgesogen werden, damit eine gleichmäßige Durchfeuchtung gewährleistet ist. Bei richtiger Wickel- und Gießtechnik darf

aus der fertigen Rolle kein Wasser heraustropfen.
Mit dem vierten Tuch wird die Rolle eingeschlagen. Auf der Seite soll etwas vom Tuch abstehen (wie Wurstzipfel), damit man sie besser anfassen kann.

Die Anwendung der heißen Rolle

Der Schmerzpatient soll sich zunächst an die intensive Wärme gewöhnen. Man beginnt mit dem (äußeren) Umhüllungstuch den zu behandelnden Körperabschnitt mit sanftem Druck zu betupfen. Nach und nach lässt man die Rolle immer etwas länger auf der Haut liegen, wobei man langsame, massierende Rollbewegungen ausführt. Dabei wechselt man immer wieder die Körperpartie. Auf diese Weise ist es möglich, die starke Hitzeeinwirkung für den Patienten erträglich zu halten.
Ist das äußere Tuch abgekühlt, wird es beiseite gelegt und mit der Rolle selbst weiter behandelt (es darf aber kein Brennschmerz auf der Haut empfunden werden). Mit dem Nachlassen der Wärme wird nun ständig Tuch für Tuch in dem Maß abgerollt, in dem die Abkühlung erfolgt. Hierbei wickelt man eine Gegenrolle auf. Die Stelle, an der die Gegenrolle sich von der Stammrolle trennt, ist naturgemäß immer am heißesten, so dass dauernd mit einem gleich bleibenden Wärmereiz gearbeitet werden kann.
Das Abrolltempo richtet sich nach der Abkühlungsgeschwindigkeit der jeweils äußeren Schicht und nach der Wärmeempfindlichkeit des Patienten. Verträgt der Patient nur niedrige Temperaturen, so dauert das Abrollen natürlich länger als wenn er hohe Temperaturen toleriert. Die heiße Rolle hält in ihren Tuchwindungen die Anfangstemperatur bis zuletzt und bis in den innersten Kern unverändert. Wichtig ist, rhythmisch zu arbeiten, d. h., die heiße Rolle niemals zu lange aufliegen zu lassen, aber auch nicht in zu großen Abständen aufzudrücken.
Das letzte Handtuch bleibt aufgerollt. Es wird so lange damit gearbeitet, bis die äußere Schicht abzukühlen beginnt. Dann lässt man es auseinander fallen, faltet es ein- bis zweimal zusammen und drückt nun die heiße Fläche im raschen Wechsel der Seiten auf die zu behandelnde Körperregion. Man lässt das Frottiertuch anschließend so lange liegen, bis der Patient kein Hitzegefühl mehr verspürt. Danach legt man das Abdecktuch auf, um die feuchte Haut zu trocknen und eine Verdunstungsabkühlung zu vermeiden.

Sport bei Bandscheiben-problemen

Um es vorab zu sagen: Sport (nicht Hochleistungssport) ist gesund – auch und gerade für Rückenkranke! Durch die rhythmische Be- und Entlastung und durch das Training der Rumpfmuskulatur wird die Wirbelsäule stabilisiert, der Aufbau von Knochenmasse wird angeregt. Je weniger wir uns bewegen, desto schneller sind die Bandscheiben verschlissen und die Knochen entkalkt.
Natürlich kann Sport auch Schaden anrichten, und nicht jede Sportart ist Balsam für unser Kreuz. Im Folgenden wird zunächst der Nutzen verschiedender Heimtrainer und Fitnessgeräte erläutert und anschließend die Eignung einer Reihe von Sportarten für Menschen mit Rückenproblemen.

»Es ist nie zu spät und selten zu früh«, dieses Sprichwort gilt auch für den Sport. Auch in fortgeschrittenem Alter reagiert der Körper äußerst positiv auf sportliche Aktivitäten.

Heimtraining für den Rücken

Bei Millionen von Bundesbürgern steht ein Fitnessgerät im Hobbykeller oder im Schlafzimmer. Viele von ihnen verstauben ungenutzt, doch auf vielen wird auch fleißig geübt, besonders im Winter und bei schlechtem Wetter. Doch welche Geräte schonen, welche belasten die Wirbelsäule?

Standfahrräder (Ergometer)

Der Renner unter den Fitnessgeräten eignet sich gut zum Training des Herz-Kreislauf-Systems, der Beine (speziell der Oberschenkel) und der Gesäßmuskulatur. Die Rückenmuskulatur wird nur geringfügig gekräftigt. Für ein individuelles Trainingsprogramm sollte der

Auch wenn Sie nicht mit Jan Ullrich konkurrieren möchten: Lassen Sie sich Ihr Rad exakt einstellen, um den Rücken zu entlasten.

Tretwiderstand stufenlos verstellbar sein. Auch ein Trainingscomputer mit Pulsmessung ist aus sportmedizinischer Sicht ein empfehlenswertes Zubehör. Für Freizeitsportler mit Rückenproblemen werden Ergometer mit bequemem Sitz und Rückenlehne angeboten, die allerdings zu einer schlaffen Körperhaltung verführen können.

▶ **Sportmedizinische Eignung:** Empfehlenswertes Trainingsgerät bei Belastungsrückenschmerzen, Herz-Kreislauf-Problemen.

▶ **Vorsicht bei:** Haltungsproblemen (bei unphysiologischer Körperhaltung Verstärkung der Rückenbeschwerden)

Vermeiden Sie einseitiges Training. Und denken Sie an die Dehnübungen. Es kommt sonst zu Muskelverkürzungen.

Stepper

Der Zwerg unter den Heimtrainern hat einen großen Vorteil: Man kann ihn nach dem Training im Schrank oder unter dem Bett verschwinden lassen. Stepper verfügen über zwei Trittbretter, die man mit den Füßen auf und ab bewegt. Ähnlich wie beim Treppensteigen werden besonders die Beine und die Gesäßmuskulatur trainiert, wovon auch das Herz-Kreislauf-System profitiert. Bei Kniearthrosen kann es zu unangenehmen Reizerscheinungen kommen.

▶ **Sportmedizinische Eignung:** Empfehlenswert zum Aufbau der Unterschenkelmuskulatur und zur Stabilisation der Lendenwirbelsäule.

▶ **Vorsicht bei:** Gleichgewichtsstörungen, häufigen Gelenkproblemen

Laufbänder

Für Walking oder Jogging in den eigenen vier Wänden werden zwei unterschiedliche Gerätetypen angeboten: Die einfachen und preiswerten muss man mit Fuß-

Schiebebewegungen selbst antreiben, die teuren werden durch einen Elektromotor bewegt. Dem freien Lauf im Gelände entsprechen nur die Modelle, die an die Steckdose angeschlossen werden. Trainiert werden neben dem Herz-Kreislauf-System die Beine und die Gesäßmuskulatur.

- **Sportmedizinische Eignung:** Empfehlenswert bei allgemeiner Rumpfinstabilität, Herz-Kreislauf-Problemen, Osteoporose.
- **Vorsicht bei:** Gelenkproblemen, Bandscheibenproblematik. Besonders Osteoporosepatienten sollten auf hochwertige, stoßgedämpfte Schuhe achten!

Bei den Laufbändern der oberen Preisklasse sorgen eine elektronische Geschwindigkeitsregelung und eine in der Neigung verstellbare Lauffläche für abwechslungsreichen Laufkomfort.

Rudergeräte

Bei der Bootspartie auf dem Trockenen trainiert man besonders die Arm- und Rumpfmuskulatur, in geringerem Maße auch die Beinmuskulatur. Natürlich wird auch das Herz-Kreislauf-System in Schwung gebracht. Unterschieden wird zwischen Kolben- und Seilzuggeräten. Die echten Ruderbewegungen auf dem Wasser kann man am ehesten mit den teureren Seilzugmodellen nachahmen.

- **Sportmedizinische Eignung:** Empfehlenswert bei Rundrücken sowie zur Stabilisation und Kräftigung der Brustwirbelsäule.
- **Vorsicht bei:** Hohlkreuz, Bandscheibenproblematik

Skilanglaufgeräte

Nicht nur Wintersportler können mit diesen Geräten für ihr rückenfreundliches Hobby trainieren. Auf gelenkschonende Weise wird die gesamte Rumpfmuskulatur gekräftigt, ebenso die der Arme und Beine. Simulatoren mit Armstangen sind für den Anfänger besser geeignet als die gewöhnungsbedürftigen Modelle mit beweglichen Bandzuggriffen. Allerdings entsprechen die Geräte mit Seilzug eher dem natürlichen Skilanglauf in der Loipe.

▶ **Sportmedizinische Eignung:** Empfehlenswert bei Herz-Kreislauf-Problemen, Rundrücken, Osteoporose und zur allgemeinen Rumpfstabilisation.

▶ **Vorsicht bei:** Bandscheibenproblematik

Rückentrainer

Mit diesem Gerät können gezielt die Rückenstrecker (Wirbelsäulenaufrichter) trainiert werden, also die Muskelschichten, die im unteren Rückenbereich beiderseits der Mittellinie zu tasten sind. Aus einer halb liegenden, halb knieenden Haltung heraus wird der Rücken aufgerichtet, ohne dass es zu einer Hohlkreuzbildung oder zu unphysiologischen Belastungen der Wirbelsäule kommt.

Zur Ausstattung eines Multitrainers gehören je nach Preis und Fabrikat: Butterfly, Latissimuszug, Bankdrücken, Armstrecken, Bizepscurl, Beinstrecken und -beugen oder Stepper.

▶ **Sportmedizinische Eignung:** Empfehlenswert bei Haltungsschwächen.

▶ **Vorsicht bei:** akuter Bandscheibenproblematik

Multitrainer (Fitnessstation)

Mit diesem Gerätetyp sind eine ganze Reihe von Übungsvariationen möglich. Dadurch können alle Hauptmuskelgruppen des Körpers gezielt trainiert werden. Anfänger oder Menschen mit Gelenkproblemen sollten möglichst viele Wiederholungen mit geringem Widerstand machen. Für Herz-Kreislauf-Training sind Multitrainer nur eingeschränkt geeignet.

▶ **Sportmedizinische Bedeutung:** Ideales Trainingsgerät für die gesamte Wirbelsäule und Muskulatur.

▶ **Vorsicht bei:** allen Übungen ohne Anleitung. Keine ruckartigen und zu schnellen Bewegungen! Nicht zu viele Gewichte!

Welcher Sport ist gut für den Rücken?

Günstig für den Rücken sind grundsätzlich alle Sportarten mit dynamisch-rhythmischer Beanspruchung, als riskant gelten Sportarten mit übertriebenen Beugungen und Drehungen, insbesondere aber mit übermäßigen Streckungen.
Generell sollte man sich an die alte Regel halten: Nicht zu intensiv, nicht zu schnell – dafür regelmäßig und ausdauernd. Achten Sie auch auf Ihre Körpersignale! Bereiten Ihnen bestimmte Bewegungsabläufe Schmerzen, verzichten Sie lieber auf diese Sportart, oder halten Sie Rücksprache mit Ihrem Arzt.

Sport soll Spass machen. Manch einer muss erst mehrere Sportarten ausprobieren, bevor er seine gefunden hat. Wichtig ist auch, Gleichgesinnte zu haben, die Körpertraining ebenfalls zum Ausgleich und weniger unter dem Leistungsaspekt betreiben.

Schwimmen

Durch den Auftrieb des Wassers wird die Wirbelsäule spürbar entlastet. Davon profitieren vor allem Übergewichtige und Menschen mit akuten Wirbelsäulenbeschwerden. Die Bewegungen im Wasser kommen den Gelenken und den Bandscheiben zugute, die Muskeln werden gekräftigt und Haltungsschäden ausgeglichen. Rücken- und Seitenschwimmen sind besonders empfehlenswert.

Worauf Sie grundsätzlich achten sollten

- Für jede Sportart gilt: vorher unbedingt die Muskulatur aufwärmen.
- Sportverletzungen ausheilen! Nach einer Verletzung der Wirbelsäule, etwa einem Bruch des Wirbels, darf Sport erst wieder nach vollständiger Heilung ausgeübt werden.
- Sportler mit vorgeschädigter Wirbelsäule sollten auf Hochleistungssport verzichten.

▸ **Gefahren für den Rücken:** Beim Brustschwimmen mit dem Kopf über Wasser werden Lenden- und Halswirbelsäule überstreckt. Verspannungen im Schulter- und Nackenbereich können die Folge sein.

Tipp Achten Sie auf lange Gleitphasen, atmen Sie unter Wasser aus, wie es auch die Profis machen. Auf Delphinschwimmen (Butterfly) sollten Menschen mit Rückenproblemen verzichten.

Radfahren

Viele Fahrräder der neuen Generation verfügen über eine raffinierte Dämpfungstechnik, die Schüttelattacken auf Bandscheiben abfangen.

Radfahren trainiert vor allem die Beinmuskulatur. Da das Körpergewicht vom Sattel getragen wird, werden Beine und Gelenke entlastet. Der Belastungsdruck auf die Lendenbandscheiben ist in der richtigen Sitzposition nur geringfügig erhöht. Für Herz und Kreislauf ist Radfahren sogar gesünder als Schwimmen und Laufen, wie eine Studie der Kölner Sporthochschule ergab.

▸ **Gefahren für den Rücken:** Ist der Lenker zu niedrig eingestellt, gerät die Wirbelsäule in eine ungünstige Rundrückenposition (Radfahrerbuckel). Die kerzengerade Haltung wie beim Fahren auf Hollandrädern ist auf Dauer ebenfalls belastend, weil die Wirbelsäule das gesamte Gewicht des Oberkörpers tragen muss und Stöße direkt auf die Lendenwirbel übertragen werden. Dies gilt besonders für das rückenbelastende Fahren auf unebenen Wegen.

Tipp Auf längeren Radtouren sollte der Rücken leicht nach vorn gebeugt und gerade sein. Diese Haltung nehmen Sie ein, wenn Sattel und Lenker etwa die gleiche Höhe haben. Diese lassen Sie sich am besten schon beim Kauf des Rades einstellen.

Wichtig ist natürlich auch die für Sie richtige Rahmengröße. Schließlich sollte der Sattel auch gut gefedert sein, um Stöße abzufangen.

Skifahren

Beim Skilanglauf wird ein Großteil der Skelettmuskulatur in die Bewegungsabläufe einbezogen. Bauch-, Gesäß- und Rückenmuskulatur werden gleichmäßig trainiert. Für die Bandscheiben gibt es kaum eine bessere Sportart als gemütliches Skiwandern.

▶ **Gefahren für den Rücken:** Alpiner Skilauf stresst Wirbelsäule und Bandscheiben – besonders auf der Buckelpiste. Extrem gefährlich sind plötzliche Stauchungen oder falsches Aufsetzen nach einem Sprung. Das kann bedeuten: Endstation Neurochirurgie! Auch die Drehbewegungen beim Parallelschwung und die nach vorn geneigte Körperhaltung sind Gift für Ihr Kreuz. Langlauf ist also in jedem Fall die bessere Alternative – sowohl zur Vorbeugung von Rückenproblemen als auch vor allem bei schon bestehenden Beschwerden.

TIPP Bereiten Sie sich auf jeden Fall auf die Wintersaison vor, trainieren Sie besonders die Bein- und Rumpfmuskulatur.

Das Training für die Skisaison ist ganz gezielt mit Langlaufgeräten möglich, die auf Seite 117f. beschrieben werden.

Skilanglauf macht Spaß und ist optimales Training für die Bandscheiben.

Jogging

Laufen kräftigt die Rückenmuskeln und massiert die Bandscheiben. Auch die Knochen und der Bandapparat der Wirbelsäule profitieren im Lauf der Jahre von Ihrem Trainingsfleiß.

▶ **Gefahren für den Rücken:** Die Erschütterungen auf die Wirbelsäule können Schmerzen auslösen. Besonders Übergewichtige und Menschen mit schwacher Rückenmuskulatur sollten auf Alarmzeichen ihres Körpers achten.

TIPP Bevorzugen Sie weiche Waldböden. Achten Sie auf einen leicht nach vorn geneigten Oberkörper und Kopf. Setzen Sie beim Laufen immer zuerst die Fersen auf, und rollen Sie dann über den ganzen Fußballen ab.

An den Laufschuhen sollten Sie nicht sparen. Ein gutes Dämpfungssystem kann Ihnen Kreuzschmerzen ersparen.

Krafttraining

Bodybuilding an Fitnessgeräten bietet alle Möglichkeiten, seine Rückenprobleme in den Griff zu bekommen. Das Krafttraining kann den Abbau von Muskelmasse verlangsamen, Osteoporose vorbeugen und Wirbelsäule sowie Gelenke entlasten. Mit gezielten Übungen wird die schlaffe Bauch- und Rückenmuskulatur trainiert, quasi das Korsett, das uns einen schmerzfreien aufrechten Gang ermöglicht.

▶ **Gefahren für den Rücken:** Da man an den Trainingsgeräten vieles falsch machen kann, sind fachkundige Betreuer das A und O eines Fitnessklubs.

TIPP Gehen Sie ohne Anleitung nie an ein Gerät, das Sie nicht kennen. Vermeiden Sie alle ruckartigen Bewegungen sowie das einseitige Training bestimmter Muskeln, das zu Muskelverkürzungen führen kann. Gewichtheben ist besonders risikoreich, vor allem dann, wenn man die Technik nicht beherrscht.

Tanzen

Tanzen zu stimmungsvoller Musik löst und entspannt Körper und Seele. Die rhythmischen Bewegungen lockern die gesamte Muskulatur, fördern die Beweglichkeit und den Stoffaustausch in den Bandscheiben und verbessern die Körperhaltung.

▸ **Gefahren für den Rücken:** Problematisch sind abrupte Bewegungen aus dem Hüft- und Beckenbereich, das Überstrecken des Rückens sowie das Drehen und Beugen der Lendenwirbelsäule. Akrobatische Sprünge und Würfe wie beim Rock 'n' Roll können sogar ein Nachspiel auf dem OP-Tisch haben.

TIPP Wenn Sie bereits Probleme mit dem Rücken haben, verzichten Sie besser auf temperamentvolle Tänze, die Ihre Wirbelsäule belasten. Konditionstraining hilft, Verletzungen zu vermeiden.

Bei vielen Rückenproblemen kann therapeutisches Reiten Linderung verschaffen. Erkundigen Sie sich nach den Möglichkeiten in Ihrer Nähe.

Reiten

Bei den verschiedenen Gangarten des Pferds wird fast die gesamte Muskulatur des Reiters gekräftigt, insbesondere die Rückenmuskulatur. Die Auf- und Abwärtsbewegungen im Sattel sind beste Bandscheibenpflege, da keine Drehbewegungen erfolgen.

▸ **Gefahren für den Rücken:** Entscheidend ist die korrekte Haltung des Reiters. Bei Anfängern und schlechten Reitern wird die Wirbelsäule sehr kräftig durchgeschüttelt.

TIPP Beim ausgesessenen Trab bekommt die Wirbelsäule die meisten Stöße ab. Besser ist Leichttraben oder der »erste Gang« des Pferds, der Schritt. Aufs Springen sollten Reiter mit Rückenproblemen ganz verzichten. Machen Sie lieber einen ruhigen Ausritt in Feld und Wald!

Tennis

Die häufigen Verletzungspausen der Spitzenspieler zeigen es bereits an: Tennis mit seinen unterschiedlichen Bewegungsabläufen ist eine starke Belastung für Muskulatur und Wirbelsäule.

▸ **Gefahren für den Rücken:** Der Aufschlag ist besonders risikoreich. Beim weiten Ausholen nach hinten kommt es zu einer Hyperextension (Überstreckung) der Lendenwirbelsäule, beim Durchschwingen des Arms zur anderen Körperseite zusätzlich zu einer Drehbewegung – gleich zwei Stressphasen für die Bandscheiben kurz hintereinander! Die Drehbewegung bei der Rückhand ist eine hohe Belastung für die Bandscheiben.

TIPP Lassen Sie sich von einem Profi eine rückenfreundliche Technik zeigen. Machen Sie notfalls den Aufschlag von unten, falls Sie bei der Überstreckung der Rückens Probleme bekommen. Beenden Sie ein Match sofort, wenn Sie Schmerzen verspüren. Spiele auf harten Böden vermeiden.

Nach einer Verletzung der Wirbelsäule, etwa bei einem Wirbelbruch, darf Sport erst wieder nach vollständiger Heilung ausgeübt werden. Bei vorgeschädigter Wirbelsäule sollte auf Hochleistungssport generell verzichtet werden.

Golf

Bei diesem Sport scheiden sich die Geister. Viele ältere Tennisspieler schwenken auf Golf um, weil sie sich um ihre Bandscheiben Sorgen machen. Augenscheinlich geht es auf Golfplätzen viel gemütlicher zu als auf dem Tenniscourt. Ja und nein!

▸ **Gefahren für den Rücken:** Die Drehung der Lendenwirbelsäule bei einem weit ausgeholten, voll durchgezogenen Treibschlag kann Zwischenwirbelgelenke und Bandscheiben heftig reizen. Aufwärmtraining ist deshalb auch beim Golf sehr wichtig. Zudem sollte man sich von einem erfahrenem Spieler eine rückenfreundliche Schwungtechnik zeigen lassen.

Fußball

Trainiert werden Kraft, Ausdauer und Beweglichkeit. Allerdings sind Überstreckungen und Verdrehungen sportarttypisch. Im Eifer des Gefechts werden schnell die Grenzen überschritten, die ein vorgeschädigter Bewegungsapparat verträgt.

▸ **Gefahren für den Rücken:** Große Verletzungsgefahr bei Zweikämpfen, wenn der Oberkörper bei fest stehendem Becken rotiert. Bei Kopfballduellen ist die Wirbelsäule schnell überstreckt. Das Schussbein wird einseitig belastet.

TIPP Bei Zweikämpfen nicht zu hart einsteigen. Verkürzte Hüftbeuger und Adduktoren, die bei Kickern häufig vorkommen, können durch Dehnübungen korrigiert werden.

Viele Sportarten gelten als risikoreich. Doch wer sie mit Vorsicht und ohne Überschätzung der eigenen Möglichkeiten betreibt, kann das Verletzungsrisiko auf ein Minimum reduzieren.

Risiken der verschiedenen Sportarten

Sportarten ohne großes Risiko	Teils freundlich, teils belastend	Belastende Sportarten
Laufen auf weichem Untergrund	Handball	Fußball
Schwimmen	Golf	Tennis
Radfahren	Ballsportarten (Volleyball, Basketball)	Skiabfahrtslauf
Tanzen (kein Turniertanz)	Turnen	Gewichtheben
Musikgymnastik	Tischtennis	Ringen
Skilanglauf	Rodeln	Rudern
Eislaufen	Baseball	Segeln
Tauchen, Schnorcheln	Reiten	Surfen
Wandern	Bodybuilding, Krafttraining	Kanufahren
		Squash
		Hockey
		Badminton

10 Regeln zum Thema »Sport«

1. Entscheiden Sie sich nicht für eine Sportart, nur weil diese gerade »in« ist. Oder weil Sie durch den Sport berufliche Verbindungen knüpfen können. Sport soll Ihnen Vergnügen bereiten. Wenn Sie als Kind immer von Schlittschuhen geträumt, aber nie welche bekommen haben, dann fangen Sie jetzt mit Eis laufen an!

2. Zum Trimmen ist es nie zu spät – auch wenn man viele Jahre keinen Sport getrieben hat. Am Anfang sollte jedoch eine ärztliche Untersuchung stehen.

3. In der Gemeinschaft macht Sport noch mehr Spaß. Trimmen Sie sich mit der Familie, mit Freunden, mit Nachbarn.

4. Sport sollte zu einem festen Teil Ihrer Freizeit werden. Tragen Sie Ihre Fitnesstermine rot im Kalender ein – und lassen Sie nichts dazwischenkommen.

5. Die wichtigsten Muskelgruppen sollten Sie täglich wenigstens einmal kurz und kraftvoll trainieren, z. B. durch Kniebeugen, Sit-ups oder durch eine »Runde« auf dem Standfahrrad.

6. Bewegen Sie jeden Tag einmal gezielt Ihre Gelenke mit ihrem vollen Spielraum, z. B. durch Federn und Dehnen, Beugen und Strecken. In diesem Buch finden Sie genügend Anregungungen.

7. Fahren Sie öfter Rad und weniger Auto. Gehen Sie zu Fuß, geben Sie der Treppe den Vorzug vor dem Lift.

8. Der Puls sollte täglich einmal 180 Schläge minus Lebensalter (bei 40 Jahren z. B. 180 minus 40 = 140 Schläge) erreichen, aber auch nicht viel mehr.

9. Ernähren Sie sich vielseitig, aber essen Sie mäßig. Zu viel Fett macht fett. Überschüssige Kalorien können Sie nur durch Bewegung und körperliche Aktivität verbrauchen.

10. Die wichtigste Regel zuletzt: Nicht die gelegentliche Kraftleistung, sondern Stetigkeit und Ausdauer sind gefragt. Fangen Sie mit wenig an, aber bleiben Sie am Ball. Der Spaß am Sport wächst mit der besseren Kondition.

Über den Autor

Ulrich Berger war 25 Jahre Zeitschriftenressortleiter für Sachthemen. Heute arbeitet er als freier Autor. Nach zwei Bandscheibenoperationen beschäftigte er sich intensiv mit dem Thema Rückenschmerzen.

Literatur

Berger, Ulrich/Stephan, Dr. med. Egbert: Rückenschmerzen wirkungsvoll lindern. Südwest Verlag. 2. Auflage, München 1996

Droste, Miehle, Droste: Krankengymnastik im Wasser. Pfläum Verlag. München 1985

Storm-Kull, Zora Felicia: Fit und beweglich mit der Rückenschule. Südwest Verlag. München 1997

Hinweis

Das vorliegende Buch ist sorgfältig erarbeitet worden. Dennoch erfolgen alle Angaben ohne Gewähr. Weder Autor noch Verlag können für eventuelle Nachteile oder Schäden, die aus den im Buch gemachten praktischen Hinweisen resultieren, eine Haftung übernehmen.

Bildnachweis

Bavaria, Gauting: 25 (B.P.); Bilderberg, Hamburg: 12 (nonstock); IFA-Bilderteam, Taufkirchen: 92 (Selma); Jump, Hamburg: 39, 82 (K. Vey); Mauritius, Mittenwald: 1 (Stock Shop), 17, 105 (Phototake), 21 (Poehlmann), 27 (H. Hoffmann), 121 (Pigneter); Pasieka Alfred, Hilden: 8; Südwest Verlag, München: 30, 33, 68, 75 (Astrid Eckert), 4, 108, 111, 114 (Jump/K.Vey), 46, 88 (Michael Nagy); Tony Stone, München: 18 (D. Young Riess), 90 (Sara Gray)

Impressum

Originalausgabe © MIM Südwest Verlag, München. Der Südwest Verlag ist ein Unternehmen der Verlagsgruppe Random House GmbH, München.

Redaktion:
Ruth Gelfert
Projektleitung:
Dr. Alex Klubertanz
Redaktionsleitung und medizinische Fachberatung:
Dr. med. Christiane Lentz
Bildredaktion:
Sabine Kestler
Produktion:
Manfred Metzger
Layout:
Wolfgang Lehner

Für diese Ausgabe:
Redaktion:
Martina Rözel
Herstellung:
Tara Tobias Moritzen
Umschlaggestaltung:
Peter Udo Pinzer, Eppstein
Titelbild: © SuperStock/ mauritius images
Reproduktion:
Jung Medienpartner, Limburg
Druck und Bindung:
EuroGrafica, Marano

Printed in Italy

ISBN 3-8336-0438-7
www.bellavista-verlag.de

Sachregister

Übungsregister